SÉRGIO AUGUSTO PEREIRA LORENTINO

A JURISDIÇÃO E OS CONTRATOS DE CONSUMO

ENTRE O DIREITO POSTO E A FACTICIDADE

SÉRGIO AUGUSTO PEREIRA LORENTINO
Doutor em Direito Privado pela PUC/MG
Profº. de Direito do Consumidor e Direito Processual Civil da UFT
Advogado e Consultor

A JURISDIÇÃO E OS CONTRATOS DE CONSUMO

ENTRE O DIREITO POSTO E A FACTICIDADE

Del Rey editora

Belo Horizonte
2017

Impresso no Brasil | Printed in Brazil

EDITORA DEL REY LTDA
www.editoradelrey.com.br

Editor: Arnaldo Oliveira

Editor Adjunto: Ricardo A. Malheiros Fiuza

Editora Assistente: Waneska Diniz

Revisão: RESPONSABILIDADE DO AUTOR

Diagramação / Capa: Alfstudio

Editora / MG
Rua dos Goitacases, 71 - Centro
Belo Horizonte-MG – CEP 30190-050
Tel.: (31) 3284-5845 - 3284 3284
editora@delreyonline.com.br

L868j

Lorentino. Sérgio Augusto Pereira
A jurisdição e os contratos de consumo: entre o direito posto e a facticidade. / Sérgio Augusto Pereira Lorentino. Belo Horizonte: Del Rey, 2017.

XII + 188 p.
ISBN: 978-85-384-0490-3

1. Contrato, consumo. I. Título.

CDU: 347.451

Dedicatória

Dedico o presente trabalho a todos aqueles com quem tive a honra de desfrutar da experiência humana; alguns por mais e outros por menos tempo; alguns de maneira mais e outros de maneira menos intensa. Especialmente, esta obra é dedicada a:

Antônio e **Graça**, meu pai e minha mãe, os quais amo sem medida;

Estelamaris, para mim, Estela, companheira de todas as horas. Te amo;

Lara, minha amada filha e
Bruna, minha enteada, com igual amor;

Kelma, Samarah, João Augusto, Antônio Netto, Lucília, Chiara, Anilga Lang, Braulino Postal, Cleo, Mateus, Norton Netto, Distevo, Wivi e Ricardo Suarte;

Às memórias de meus avós paternos, **João Lorentino** e **Maria Mazon,** e de meus avós maternos, **José Augusto** e **Edith Pereira**, esta última que me deu o prazer de desfrutar de muitos dos seus cem anos de vida;

À memória de meu tio **Silvio,** cujas petições me deram uma pista de que caminho deveria seguir;

Por fim, dedico esta obra aos **meus alunos(as)** e **ex-alunos(a),** especiais destinatários das inquietações aqui publicadas.

Palmas, Tocantins, 2017

Sérgio Augusto Pereira Lorentino

Agradecimentos

Agradeço a **Deus**, sobre todas as coisas.

Registro meus sinceros agradecimentos ao Professor Doutor **Leonardo Poli**, coordenador do Programa de Doutorado em Direito da PUC Minas, meu orientador no doutoramento e, além disso, dileto amigo.

Agradeço ao Professor Doutor **César Fiuza** (PUC Minas/UFMG), brilhante jurista que me honrou com o prefácio desta obra, redigido com imensa generosidade; à Professora Doutora **Maria Cecília Máximo Teodoro,** pela disseminação das ideias aqui contidas, em seus artigos, mesmo antes da publicação e ao Professor Doutor **Vitor Salino de Moura Eça** (PUC Minas), pelo incentivo a esta obra, desde a banca de mestrado, em que foi meu examinador.

Agradeço à Professora Doutora **Renata Rodrigues de Castro Rocha** (UFT), minha amiga, pela parceria desde o mestrado, quando gentilmente apoiou-me com sua orientação.

Não poderia deixar de agradecer o apoio dos colegas Professores **Vinícius Pinheiro Marques**, meu amigo, sócio de escritório e grande parceiro de discussões jurídicas, **Aloísio Alencar Bolwerk** e **Maria Leonice Berezowisk.**

Agradeço ao Advogado **Anenor Ferreira Silva**, meu parceiro de escritório e, principalmente, meu amigo, pela colaboração que sempre me ofertou e ao **Ricardo Castro,** amigo e entusiasta de meus escritos.

Finalmente, agradeço aos meus colegas, Professores do curso de Direito da UFT, **Aline Sueli de Salles Santos, Ana Lúcia Pereira, Ana Patrícia Pimentel, Ângela Haonat, Artur Teruo, Cristiane Roque, Graziella Reis, Gustavo Vilela, Gustavo Paschoal, Hélvia Túlia Pedreira, João Aparecido Bazolli, João Rodrigues Portelinha, Lucimara Raddatz, Maria do Carmo Cota, Naima Worm, Nubia Silva, Paulo Benincá, Silvalino Ferreira, Simone Bolson, Suyene Rocha e Tarsis Barreto**, pela companhia de todos os semestres e pela luta comum em prol da Universidade pública, gratuita e de qualidade!

Palmas, Tocantins, 28 de março de 2017.

Sérgio Augusto Pereira Lorentino

Sumário

Prefácio

As diversas transformações socioeconômicas que atingiram as sociedades ocidentais no último século evidenciaram a necessidade de uma reformulação da noção de contrato e de sua disciplina legal.

A liberdade contratual mostrou-se um poderoso instrumento de opressão e de exploração do contratante em situação de inferioridade econômica. Na medida em que as pessoas que contratam são economicamente diferentes e possuem necessidades diferentes, é esperável que o acordo, se deixado apenas à autonomia da vontade delas, seja desproporcional. Grosso modo, se de um lado existe alguém que necessita contratar – não tendo outra opção –, indubitável estar disposto a se submeter à situação que não lhe seja muito vantajosa – para não dizer prejudicial. Ônus apenas para uma parte e lucro exagerado para a outra. Assim, a escassez dos postos de trabalho fez o empregado ceder aos penosos desígnios do empregador; o déficit habitacional dos centros urbanos fez o locatário sucumbir aos devaneios gananciosos do locador; a essencialidade, real ou ilusória, dos produtos e serviços lançados no mercado fez o consumidor se submeter aos parâmetros abusivos impostos pelo fornecedor.

A revolução tecnológica contribuiu para a despersonalização do contrato. O diálogo perde espaço para o silêncio, pois os contratantes não mais se conhecem, nem se identificam ou se encontram. É frequente a situação na qual a oferta é constituída pela presença de uma máquina distribuidora de bens de consumo, enquanto a aceitação é manifestada pela simples inserção de moedas em orifício adequado. Também é corriqueira a situação na qual a oferta é constituída por uma série de imagens e informações alocadas em ambiente virtual, enquanto a aceitação se realiza pela simples digitação em teclado de computador.

O aperfeiçoamento da produção industrial em larga escala projetou a estandardização dos contratos, especialmente por meio do emprego de cláusulas contratuais gerais. O diálogo perde espaço para o monólogo, pois apenas um dos contratantes cuida da regulamentação do conteúdo e dos efeitos do contrato, restando ao outro a possibilidade da simples adesão mecânica ao esquema formulado.

A sociedade pós-industrial, caracterizada pelo extraordinário incremento quantitativo das operações econômicas, verificado a partir da produção e do consumo em massa, exigiu que os expedientes contratuais fossem mais simples, ágeis e seguros, determinando a redução da importância do elemento volitivo.

O traço característico do contrato contemporâneo parece-nos ser, então, a sua progressiva objetivação. Em síntese, o contrato passa a ser percebido como um encontro de comportamentos sociais valorados de modo típico, por aquilo que eles socialmente exprimem, abstraindo-se das atitudes psíquicas concretas dos seus autores.

Interessante perceber que o processo de objetivação do contrato é acompanhado por uma crescente intervenção estatal na sua disciplina legal, notadamente pelo fato de as técnicas contratuais contemporâneas abrirem uma margem bastante significativa para que os agentes em situação de superioridade econômica estabeleçam condições contratuais amplamente favoráveis aos seus próprios interesses, desconsiderando as legítimas expectativas daqueles com quem contratam, o que pode evidenciar tremenda abusividade. É comum, por exemplo, encontrarmos, nas cláusulas contratuais gerais, a exoneração da responsabilidade civil em favor do predisponente, a limitação de direitos do aderente, a variação unilateral do preço pelo predisponente, a inversão do ônus da prova em prejuízo do aderente, a imposição de cláusula penal com valor excessivamente elevado, a possibilidade de o predisponente investigar a vida privada do aderente, o acesso dos dados cadastrais do aderente pelos parceiros do predisponente, a fixação do foro contratual distante do domicílio do aderente, entre outros.

Não mais vinga o raciocínio segundo o qual todos os homens possuem condições para, por si só, zelarem pelos seus direitos. Não mais vinga a ideia de que o poder de barganha de todos os contratantes é o mesmo e que, por isso, qualquer avença lhes seja vantajosa. O legislador, então, se propõe a restringir e regular, por meio de normas imperativas, o espaço antes reservado ao livre jogo dos contratantes, instituindo como diretrizes para a nova imagem do contrato a boa-fé objetiva e o equilíbrio contratual.

A boa-fé objetiva designa padrão de conduta que deve ser observado pelos contratantes independentemente de adesão voluntária, caracterizado por parâmetros socialmente reconhecíveis de lealdade e de cooperação.

O equilíbrio contratual designa modelo de distribuição proporcional das vantagens e dos encargos obrigacionais entre os contratantes, tendo em vista suas legítimas expectativas e suas posições socioeconômicas, aferidas também de acordo com parâmetros socialmente reconhecíveis. Assim, veda-se que as prestações contratuais expressem um desequilíbrio real entre as posições individuais dos contratantes, independentemente da assunção voluntária de obrigações excessivamente onerosas.

Em suma, parece-nos que, hoje, o contrato deve ser percebido como ato jurídico lícito, de repercussão pessoal e socioeconômica, que cria, modifica ou extingue relações dinâmicas de caráter patrimonial, formado pelo encontro de comportamentos típicos socialmente reconhecíveis, perpetrados por duas ou mais pessoas, que, em regime de cooperação, visam a atender suas necessidades e seus desejos, orientados pela preocupação fundamental de promoção da dignidade humana.

É nesse sentido que caminha a obra que me honra prefaciar. Sérgio Lorentino é professor adjunto da Universidade Federal do Tocantins - UFT, nas disciplinas de Direito Processual Civil e Direito do Consumidor, Doutor em Direito Privado pela PUC/MINAS (*magna cum laude*). É mestre em Prestação Jurisdicional e Direitos Humanos pela UFT, tendo obtido menção de louvor na defesa de dissertação, além de ser advogado militante.

O autor abre sua obra com uma visão primorosa da sociedade de consumo, base para o entendimento das relações contratuais consumeristas e de sua tutela jurisdicional. Trata-se de texto único em seu gênero, exatamente por analisar as relações de consumo tanto do ponto de vista material, quanto processual. Único em seu gênero e inovador na abordagem. De leitura agradável, conduz o leitor a conclusões firmes, assentadas em forte doutrina e excelentes argumentos. É livro que não pode faltar nas boas estantes jurídicas do País.

Recomendo.
Belo Horizonte, 30 de março de 2017.

César Fiuza
Doutor em Direito pela UFMG
Professor de Direito Civil da PUCMG, da UFMG e da FUMEC
Professor colaborador da FADIPA
Advogado e consultor

Apresentação

Apresentar a presente obra é também prestar testemunho da dedicação com que o autor vem se inserindo no cenário acadêmico nacional. Sua trajetória acadêmica fala por si. É professor da Universidade Federal do Tocantins, mestre em prestação jurisdicional e direitos humanos pela UFT, tendo obtido menção de louvor, é Doutor *magna cum laude* pela Pontifícia Universidade Católica de Minas Gerais (PUC/Minas) (2012), onde foi meu aluno, orientando e amigo e tive, assim, a oportunidade de compartilhar de sua sede de saber, de seu espírito investigativo e de seu compromisso com a transformação do conhecimento acadêmico. O autor é também Advogado.

A obra, fruto dos estudos e das pesquisas desenvolvidos ao longo de sua trajetória profissional e, em especial, durante sua estada no programa de pós-graduação *stricto sensu* em Direito da PUC/Minas — mas que não se confunde com a tese, a qual ainda será publicada —, lança um novo olhar sobre o direito do consumidor, o ato de contratar e a função da prestação jurisdicional, revelando um olhar denso e apurado sobre a busca pela a autodeterminação do indivíduo em uma sociedade consumerista, mas que se propõe democrática e plural, o que exige que o exercício da autonomia seja instrumento de construção da subjetividade e de promoção do livre desenvolvimento da personalidade deste indivíduo: consumidor e cidadão ou, talvez, cidadão e consumidor.

O autor utiliza a interdisciplinaridade como forma de desenvolver um trabalho de integração da ciência do Direito com outros ramos do conhecimento, superando a fragmentação do conhecimento e proporcionando a reflexão e o diálogo com a sociedade. A obra revela a hermenêutica e a argumentação como instrumentos de pesquisa, e como eixo norteador o paradigma do Estado Democrático: a subjetividade, a diversidade, o pluralismo e a inclusão.

Como se verifica com a leitura da obra, o provimento jurisdicional é construído também pelo jurisdicionado e, nessa perspectiva, o fortalecimento da legitimação democrática depende da oportunidade de o jurisdicionado participar do processo de construção, desconstrução e reconstrução das regras que lhe são impostas. É nesse contexto que o autor insere sua tese.

O tema tem vinculação estreita com a hermenêutica, com as teorias da argumentação e com a funcionalização dos institutos jurídicos e propõe a superação do estruturalismo no direito material pela reflexão sobre o utilitarismo e o preceptivismo.

A análise de temas como consumo, autonomia e jurisdição deve partir da estrutura, mas deve levar em consideração a função que cada instituto exerce enquanto instrumento de transformação da realidade social.

Fica a lição que os institutos, princípios e regras não devem fazer sentido apenas internamente no sistema jurídico, mas também na realidade social. Nessa perspectiva, é imprescindível a análise dos institutos à luz da base hermenêutica constitucional enquanto instrumento de controle da metajuridicidade argumentativa do provimento jurisdicional e de afirmação e viabilização do paradigma do Estado Democrático de Direito.

Assim, é com sincera alegria e entusiasmo que vejo a inserção do autor e de sua obra no cenário acadêmico.

Belo Horizonte, MG, 28 de março de 2017.

Leonardo Macedo Poli
Doutor e Mestre em Direito pela UFMG
Coordenador do Programa de Pós-Graduação em Direito da PUC/Minas
Professor da UFMG e da PUC/Minas
Advogado e consultor

Nota do autor

A presente obra é fruto das pesquisas realizadas no âmbito do mestrado e do doutorado — embora não se confunda com a dissertação, nem mesmo com a tese — todas com fundamento no problema da ausência de autonomia do consumidor e da correspondente necessidade de sua tutela; não mais da tutela clássica liberal, nem mesmo da vigente tutela da autonomia privada. Busca-se uma tutela que reconheça a realidade fática e, a partir disso, encontre os caminhos da justiça contratual.

Posto o desafio, optei por realizar as transcrições dos textos consultados da forma mais abrangente possível, não me limitando a citar apenas os dados das fontes consultadas, de forma a proporcionar ao leitor uma visão mais clara das referências que me levaram às conclusões que exponho adiante.

A todo momento — insistentemente, eu diria —, são cotejados os elementos da teoria geral dos contratos e de seus construtos ainda repletos de feições liberais positivistas, com a realidade das relações factuais de consumo. No bojo de tal cotejo, são colocadas a atuação jurisdicional e a necessidade de uma mudança profunda em seus paradigmas, voltadas à proteção do consumidor.

Espero que tenha, pelo menos, com esta obra, evidenciado a existência de um espaço não preenchido pela teoria geral dos contratos.

Espero, ademais, ter conseguido demonstrar a premente *necessidade de construção de uma teoria própria para os contratos de consumo* que consiga influenciar as leis e a jurisdição. Por enquanto, a missão criativa da jurisdição deve remediar essa ausência em prol do consumidor.

Por fim, observo que este livro é um projeto dinâmico e contínuo. Assim sendo, asseguro que ficarei imensamente grato, caso venha a receber dos leitores suas críticas e observações, as quais, por certo, limarão esta obra bruta, tornando-a melhor e mais democrática em suas futuras edições.

Palmas, Tocantins, 29 de março de 2017.

Sérgio Lorentino

> [...]o contrato não pode mais configurar-se como o reino da vontade individual, a expressão directa da personalidade de seu autor, exposto, por isso, a sofrer, de forma imediata, os reflexos de tudo quanto pertence à esfera daquela personalidade e daquela vontade; para servir o sistema de produção e da distribuição de massa, o contrato deve, antes, tornar-se, tanto quanto possível, autónomo da esfera psicológica e subjectiva em geral de seu autor, insensível ao que nesta se manifesta e sensível sobretudo ao que se manifesta no ambiente social, nas condições objectivas do mercado: o contrato deve transforma-se em *instrumento objectivo e impessoal*, para adequar-se à objectividade e impessoalidade do moderno sistemas de relações económicas.
>
> (ROPPO, 2009, p.309)

1 INTRODUÇÃO

O mundo dos contratos mudou. Na verdade, a sociedade mudou drasticamente seu modo de viver. E o consumo é uma das características marcantes da sociedade contemporânea.

O consumo tornou-se, nas últimas décadas, muito mais do que algo necessário ao provimento de necessidades vitais do ser; para além disso, o consumo passou a ser fruto de uma verdadeira programação industrial. Programam-se a moda, os desejos, as tendências, bem como, no mesmo compasso, programa-se a superação dos padrões postos por outros que tomam os seus lugares.

É possível afirmar que a condição humana impõe ao consumidor necessidades que lhes são naturalmente inerentes. Dessa forma, a indústria absorve essas necessidades, mas, também, verdadeiramente induz a outras tantas, mediante a publicidade que se propaga em tempo real pelos inúmeros veículos de comunicação atualmente disponíveis, da internet ao cinema, dos *outdoors* à panfletagem convencional.

Na linha de tais movimentos estão o consumo, o descarte e o novo consumo de produtos e serviços. Segundo Bauman, "a sociedade de consumidores desvaloriza a durabilidade, igualando 'velho' a 'defasado', impróprio para continuar sendo utilizado e destinado à lata de lixo" (BAUMAN, 2008, p.31).

Assim, o contrato, enquanto elemento viabilizador do consumo é, pois, um acontecimento recursivo e cíclico, dentro de um contexto de necessidades autênticas do ser humano, bem como de necessidades forjadas pela indústria.

Vê-se que o contrato de consumo é deflagrado pela necessidade. Em tais circunstâncias, a vontade, que sempre foi elemento vital para a ideia contratual, parece não mais encontrar assento nas relações consumeristas.

No entanto, como conciliar essa realidade de contrato não precedido de vontade com a teoria geral dos contratos e com o próprio Direito brasileiro, ainda fundados nos dogmas do negócio jurídico?

De fato, tem-se um problema situado primordialmente na não correspondência da realidade fática dos contratos de consumo com os mecanismos jurídicos de regência e de tutela concreta dos contratos consumeristas.

Pois bem, no campo acadêmico, a teoria geral dos contratos não se ocupou dos contratos de consumo. Embora tenha logrado inúmeros avanços, parece ainda faltar à teoria geral dos contratos muitos ingredientes aptos à boa compreensão e, por consequência, à boa tutela jurisdicional desse peculiar, porém intenso universo contratual.

Há, portanto, um problema fundado na (in)compreensão do fenômeno social em questão que precisa ser desvendado pela jurisdição e, também, pelo universo legislativo e doutrinário que orbitam os contratos de consumo.

No entanto, a aptidão da lei de manter-se fiel à realidade social é limitada pela própria complexidade do fato social, dificilmente representada *in totum* pelo texto legal, bem como pela maior velocidade com que a sociedade muda em relação à velocidade de atualização da lei.

Diante desse cenário, a jurisdição deve passar a desempenhar um papel relevantíssimo na aplicação do Direito, minimizando o descompasso entre a facticidade dos contratos de consumo e o Direito posto, notadamente anacrônico. Como expõe Carlos Maximiliano, "o intérprete é o renovador inteligente e cauto, o sociólogo do Direito" (MAXIMILIANO, 2011, p. 10).

Porém, a missão posta a cargo da jurisdição não poderá ser desempenhada a contento se a *cultura jurisdicional* não for modificada. Isso porque a jurisdição brasileira, não obstante diversos avanços, ainda tem suas fundações firmadas no pensamento positivista liberal. Para Rizzatto Nunes, "esses equívocos remanesceram na nossa formação jurídica, ficaram na nossa memória influindo na maneira como enxergamos as relações de consumo [...]" (NUNES, 2012, p. 42).

No modelo liberal, "o Estado delegava à *mão invisível* do mercado a acomodação das conquistas sociais, uma vez que sua postura era não interveniente" (PAULA, 1999, p.106). Assim é o modelo liberal e assim é o capitalismo. De acordo com Georges Ripert, "o capitalismo liberal repousa sôbre a propriedade privada e o contrato livre" (RIPERT, 1947, p. 268).

De outro lado, as relações contratuais de consumo estão situadas em um plexo de acontecimentos sociais que reclamam atenção do Estado tanto para a sua proteção, quanto para a promoção da justiça e da própria melhoria de tais relações. Como expõe Alf Hoss, "o juiz não é motivado exclusivamente pelas normas jurídicas; também o é pelos fins sociais e pelo discernimento teórico das conexões sociais relevantes ao atingir daqueles fins" (ROSS, 2000, p.43).

Há uma questão distintiva entre a jurisdição de índole liberal e a jurisdição que se pretende adequada às questões de consumo. É que a segunda atua, entre outras formas, como elemento promocional. Segundo Pietro Perlingieri, o Direto não só atua em sintonia com o fato social, mas também "[...]torna possível, com seus instrumentos, a transformação social" (PERLINGIERI, 2002, p.3).

No tocante aos fins sociais relativos à questão consumerista, consoante o artigo 5º, inciso XXII, da Constituição Federal e, de uma forma geral, de acordo com o seu próprio artigo 3º, resta claro que a missão/finalidade Estatal, que engloba a jurisdição, é a de proteger o consumidor e construir uma sociedade de consumo justa, livre, desenvolvida (BRASIL, 1988).

No embalo constitucional, o Código de Defesa do Consumidor impõe ao Estado e, mais uma vez, à jurisdição, entre outras coisas, conforme artigo 4º, "[...] o atendimento das necessidades dos consumidores, o respeito à sua dignidade, saúde e segurança, a proteção de seus interesses econômicos, a melhoria da sua qualidade de vida, bem como a transparência e harmonia das relações de consumo[...]" (BRASIL, 1990, *online*).

Portanto, postas essas premissas, a presente obra desenvolverá um percurso analítico e crítico da sociedade de consumo e das relações contratuais que ocorrem em seu bojo, em contraposição ao Direito contratual e ao pensamento jurídico que lhes são inerentes. Propõe-se, ao cabo, um modelo jurisdicional capaz de não só reagir ao fato social, mas, principalmente, de transformá-lo, a partir dos vetores constitucionais e, primordialmente, dentro de um contexto de prevalência da dignidade humana sobre a rigidez, muitas vezes incoerente, das formas jurídicas postas pelo Ordenamento e do rigor metodológico do agir jurisdicional.

2
A SOCIEDADE DE CONSUMIDORES

Compreender a sociedade de consumidores representa etapa incontornável quando se tem por desiderato uma proposta crítica, reflexiva e, até mesmo, propositiva, acerca da tutela jurisdicional dos contratos, no âmbito das relações ocorridas entre consumidores e fornecedores.

A partir dessa compreensão é que se torna possível redimensionar a ótica, tanto de quem estuda, quanto de quem efetivamente atua no exercício da função jurisdicional (juízes e todos os integrantes das Funções Essenciais à Justiça), posicionando todos eles, de forma privilegiada, para que possam identificar claramente os matizes e as vicissitudes dessa tão intricada relação jurídica.

O exercício revelador do fato social sobre o qual irá se debruçar o Direito é premissa para o início de problematizações e hipóteses com habilidades para a construção de ferramentas jurídicas, especialmente aquela que se desenvolve na aplicação do Direito ao caso concreto.

Nesse sentido, ao estudar a *teoria fenomenológica do Direito*, Karl Larenz aponta que a integração entre a lei e o momento histórico vivido deve ser levada em conta pelo intérprete, vez que

> O resultado em cada momento obtido por este processo é o Direito "presentemente em vigor". Ele é, portanto, produto comum do legislador, da jurisprudência e das forças "actuantes" do comércio jurídico, dos costumes e das convicções comuns que neste se formam, do *common sense*. A ciência jurídica também toma parte neste processo, de desenvolvimento ideativo da ordem jurídica e de mediação da lei pela consciência do presente (LARENZ, 1997, p.159).

Oportuna, assim, de início, essa imersão no fenômeno consumerista contemporâneo, evitando a construção de hipóteses e conclusões deslocadas daquilo que o Direito realmente é, ou pelo menos deveria ser: fruto da realidade da vida em sociedade.

Interessante notar que, tanto sob as perspectivas *positivistas*, quanto as *pós-positivistas*, a premissa de conhecimento da sociedade e de sua dinâmica relacional é inarredável, porque conhecer a sociedade qualifica o intérprete ao correto *juízo de adequação fato e lei*[1], mas também proporciona uma tutela jurisdicional baseada em *outros fundamentos*[2] que não apenas aqueles decorrentes de um sistema fechado.

É o que propõe João Baptista Herkenhoff, ao afirmar que o conhecimento do fenômeno social (aqui a dinâmica da sociedade de consumidores, suas características, sujeitos, instrumentos de relacionamentos negociais etc.) "revelará ao juiz um universo!", sendo certo que "dentro da perspectiva fenomenológica" ele, "o juiz", pode vencer a "mudez e a insensibilidade da lei" (HERKENHOFF, 1994, p. 98-99).

Logo, nunca é demais trazer a lume a afirmação de que o Direito, enquanto aparato destinado à justiça, é fenômeno social por excelência. Por essa razão, para que a dogmática jurídica (Direito do Consumidor, Direito Civil, Direito Processual Civil etc.) seja posta em debate, nada mais recomendado do que o método zetético, destinado a "perquirir" as relações consumeristas, visando a descortiná-las para que, ao cabo, seja possível redefinir a própria dogmática aplicável à jurisdição contratual de consumo (FERRAZ JUNIOR, 1994, p.41).

Assim, uma imersão no fato social dos contratos de consumo, enquanto produtos típicos de uma sociedade altamente dinâmica, como é a sociedade consumerista, revela-se *conditio sine qua non* para o estudo da tutela contratual do consumidor e de qual vem a ser o papel da jurisdição na contemporaneidade para o enfrentamento de suas questões.

---

1 Esse movimento representa a base do pensamento positivista no âmbito jurídico.

2 A abertura interpretativa do Direito, enquanto sistema impuro, incluindo, ao lado da lei formal e com esta interagindo (complementando, adaptando, moldando, otimizando etc.) elementos sociológicos, históricos, antropológicos, filosóficos é bem a essência do pós-positivismo.

2.1 O domínio da produção

Qual ser humano, do ponto de vista da autonomia da produção, pode prover suas necessidades (comida, vestuário, saúde, transporte etc.) dentro do modelo da sociedade capitalista?

De há muito o ser humano não mais detém os meios e as habilidades para isso, pelo menos se considerarmos que tais provisões venham decorrer de um *agir autônomo*.

A indústria, especialmente a indústria capitalista, encarregou-se de estabelecer um modelo de vida que tem na dominação das fontes e das formas de produção sua maior característica.

Conforme anota Rizzato Nunes, "[...] em larga medida, é impróprio falar que o consumidor age com 'liberdade de escolha'"(NUNES, 2012, p.68). Isso porque, como ele não tem acesso aos meios de produção, não é ele quem determina o quê nem como algo será produzido e levado ao mercado.

Se a necessidade do consumidor for água, esta é fornecida pela indústria, por meio das companhias públicas ou permissionárias de serviços públicos, ou vendida envasada em algum estabelecimento comercial. Todavia, se a necessidade do consumidor for comida, é possível adquiri-la diretamente em algum restaurante, lanchonete ou *fast food*, como, também, comprada por meio de diversos itens disponíveis nos supermercados.

Seja qual for a necessidade, não há como o ser humano consumidor satisfazê-la senão por uma *relação jurídica onerosa* com o fornecedor. Em face de tal onerosidade, o consumidor, que não detém o domínio da produção, deve trabalhar. O fruto de seu trabalho é que lhe provê meios de sobrevivência e dignidade, por meio da aquisição de produtos e serviços fornecidos pela indústria.

Na condição de trabalhador, ao mesmo tempo em que o consumidor labora para o sucesso do empreendimento que lhe dá condições de acesso aos bens e serviços de consumo, ao adquiri-los, novamente alimenta, dessa vez, por outra vertente, o mesmo sistema produtivo que lhe aproveita a mão de obra.

Nessa linha, Hannah Arendt afirma que "trabalhar e consumir seguem um ao outro tão de perto que quase constituem um único movimento, o qual, mal termina, tem de começar tudo de novo"(ARENDT, 2013, p.123).

De outro lado, outros trabalhadores, inclusive autônomos e mesmo aqueles consumidores que não mantêm com quem quer que seja qualquer relação de subordinação trabalhista, seja por viver de rendas ou por empreender o próprio negócio empresarial, não são autônomos em relação à indústria fornecedora. O fato comum, no entanto, entre trabalhadores autônomos ou não autônomos é a condição do consumo. Dela, nenhuma pessoa está liberta.

2.2 Sociedade e indivíduos sem oposição

O capitalismo tem por características históricas se reinventar e a se adaptar a diversas realidades, como bem observa Boaventura de Sousa Santos (SANTOS, 1999, p.239). Entretanto, contemporaneamente, a indústria capitalista não apenas se acomoda às guerras, aos conflitos étnicos, religiosos e às ideologias políticas, mas também dita comportamentos e condiciona a sociedade e seus membros.

Dentro de tal perspectiva, há dois elementos fundamentais para o exercício dessa ditadura comportamental por parte da indústria capitalista, quais sejam o *trabalho* e o *consumo*, cingidos a uma única pessoa, a qual passa a se conduzir cíclica e recursivamente entre esses dois polos.

Portanto, a meta desse tópico é de aviventar a realidade e os contornos do contexto social experimentados contemporaneamente para, a partir disso, erigir uma crítica à jurisdição contratual de consumo, direcionada, especialmente, para a absorção de suas complexidades.

Para Adam Smith, o modelo que melhor relacionava produção, consumo e trabalho seria aquele em que houvesse a divisão do trabalho, o emprego da técnica e da maquinaria. Tudo isso aperfeiçoaria a produção, reduziria o esforço individual proporcionando que cada indivíduo pudesse obter sua riqueza material, sua segurança patrimonial, por meio da venda de suas expertises. Até mesmo um objetivo de riqueza geral foi teorizado por Smith, o que pode ser extraído da seguinte transcrição:

> É a grande multiplicação das produções de todos os diversos ofícios — multiplicação essa decorrente da divisão do trabalho — que gera, em uma sociedade bem dirigida, aquela riqueza universal que se estende até as camadas mais baixas do povo. Cada trabalhador tem para vender uma gran-

> de quantidade do seu próprio trabalho, além daquela de que ele mesmo necessita; e pelo fato de todos os outros trabalhadores estarem exatamente na mesma situação, pode ele trocar grande parte de seus próprios bens por uma grande quantidade, ou — o que é a mesma coisa — pelo preço de grande quantidade de bens desses outros. Fornece-lhes em abundância aquilo de que carecem, e estes, por sua vez, com a mesma abundância, lhe fornecem aquilo de que ele necessita; assim é que em todas as camadas da sociedade se difunde uma abundância geral de bens (SMITH, 1996, p.70).

Percebe-se que Smith propôs um modelo de benefício geral com entrega e recepção de vantagens, com repercussões sociais benéficas, mediante a difusão da riqueza. Hoje, segundo o Direito Civil e sua teoria contratual, essa ideia está representada pelo princípio da *equivalência material* dentro das relações contratuais. Essa era a proposta do indivíduo soberano, não mais sujeito à lei do mais forte, mas sim a uma racionalidade como pressuposto de sobrevivência.

Contudo, o capitalismo foi direcionado para outros rumos. É que o Estado não só promoveu o capitalismo como também, ao contrário da proposta de Smith, aniquilou as resistências e a autonomia dos indivíduos e da sociedade, conforme aponta Michel Foucault, ao tratar do modelo disciplinar de controle da sociedade (FOUCAULT, 2012, p.133;164).

Logo, pertencer às estruturas do capital, como, por exemplo, trabalhar, comprar e pagar, é uma forma de dominação disciplinar que doma o ser humano lhe retirando qualquer resistência. Ou o indivíduo se enquadra no sistema ou é por ele excluído e marginalizado. Prova disso é o que se vê na lei brasileira, segundo a qual quem não trabalha pode ser enquadrado na contravenção de *vadiagem*, estando sujeito ao poder de império do Estado.

Não custa relembrar que, no tocante à *mendicância*, sua ocorrência configurava, até pouco tempo, contravenção penal[3]. Porém, quanto à *vadiagem*, a lei[4] está vigente no Brasil. Portanto, o modelo capitalista de exploração do trabalho não só é autorizado pelo Estado como também quem a ele não se submete é punido disciplinarmente. Portanto, Michel Foucault tinha toda razão

---

3 Foi revogada a espécie de contravenção pela Lei nº 11.983/2009 (BRASIL, 2009).

4 Art. 59. Entregar-se alguém habitualmente à ociosidade, sendo válido para o trabalho, sem ter renda que lhe assegure meios bastantes de subsistência, ou prover à própria subsistência mediante ocupação ilícita: Pena - prisão simples, de quinze dias a três meses (BRASIL, 1941).

ao afirmar que "a disciplina 'fabrica' indivíduos", ou seja, fabrica trabalhadores para fabricar consumidores (FOUCAULT, 2012, p. 164).

É claro que o sistema capitalista precisa de força de trabalho e as pessoas que se rendem à ociosidade, o nada fazer, segundo seu significado mais fabril, mais produtivo, não se amoldam ao sistema do modelo capitalista, que estabelece em duas vertentes importantíssimas a vinculação do ser humano: o *indivíduo trabalhador*, enquanto força motriz da indústria, e o *indivíduo consumidor*, enquanto mercado necessário ao sustento do empreendimento. Dentro dessa lógica, o movimento se desenvolve a partir da percepção de uma remuneração laboral, como pressuposto de satisfação das necessidades – das alimentares, às sociais –, dos consumidores.

Se o ser humano em seu estado natural tinha de evoluir aperfeiçoando suas habilidades de caça, pesca e defesa, bem como adaptando sua dieta ao que a natureza poderia lhe oferecer, dentro de sua sazonalidade típica, *o homem contemporâneo não encontra alternativas*. O padrão estabelecido pela indústria está posto e determina as regras do jogo: trabalhar para consumir e consumir para alcançar a meta e o estilo contemporâneos da vida.

Oscar Wilde, na observância crítica desse fenômeno, não deixa a menor dúvida de sua crença acerca do estágio de perda da identidade do ser humano, incluído na cadeia cíclica do trabalho e do consumo, razão pela qual afirma:

> O homem irá se matar por excesso de trabalho com o fim de garantir a propriedade, o que não é de surpreender, diante das enormes vantagens que ela oferece. É de lamentar que a sociedade, construída nessas bases, force o homem a uma rotina que o impede de desenvolver livremente o que nele há de maravilhoso, fascinante e agradável - rotina em que, de fato, perde o prazer verdadeiro e a alegria de viver. (WILDE, 2003, p.7).

Sem alternativas, o trabalho é empreendido para o propósito do consumo. Garantir um posto de trabalho significa garantir, por conseguinte, um poder de consumo que leva ao acesso de tudo aquilo que a indústria pode oferecer para atender às necessidades humanas: alimentação, vestuário, itens de higiene, utensílios, ferramentas, remédios, chegando até ao fornecimento de produtos e serviços que, não necessariamente, fazem parte das necessidades humanas propriamente ditas, mas sim das necessidades que o contexto social, ditado pelo modelo industrial, determinam.

A ausência de alternativas não está apenas na dependência dos consumidores motivadas por aspectos atinentes à sua própria sobrevivência e dignidade, mas também de formas mais sofisticadas em que *tais dependências são criadas artificialmente pelo modismo e pelo consumismo*, de maneira irracional e enganosa[5], tal como abordado por Zygmunt Bauman (BAUMAN, 2008, p.65).

A *irracionalidade* do comportamento do consumidor, provocada pela necessidade e pelas práticas comerciais da indústria, por meio das técnicas de comunicação publicitárias, evidenciam um cenário em que o consumidor não detém, por certo, qualquer controle seguro sobre suas ações, incluído, por consequência, *os compromissos que celebra com os fornecedores,* quase sempre instrumentalizados por *contratos de consumo* em seu sentido formal, ou seja, escritura pública ou particular definidora de regramentos e obrigações.

Nesse sentido, para David Harvey,

> A luta pela manutenção da lucratividade apressa os capitalistas a explorarem todo tipo de novas possibilidades. São abertas novas linhas de produto, o que significa a criação de novos desejos e necessidades. Os capitalistas são obrigados a redobrar seus esforços para criar novas necessidades nos outros, enfatizando o cultivo de apetites imaginários e o papel da fantasia, do capricho e do impulso (HARVEY, 2014, p. 103).

Assim, seguir um padrão estabelecido pela indústria passa a ser um ato meramente impulsivo, sem qualquer possibilidade de controle. De acordo com Bauman,

> A vida organizada em torno do consumo, por outro lado, deve bastar sem normas: ela é orientada pela sedução, por desejos sempre crescentes e quereres voláteis - não mais por regulação normativa. Nenhum vizinho em particular oferece um ponto de referência para uma vida de sucesso; uma sociedade de consumidores se baseia em na comparação universal - e p céu é o único limite. A ideia do "luxo" não faz muito sentido, pois a ideia é fazer dos luxos de hoje as necessidades de amanhã e reduzir a distância entre "hoje" e o "amanhã" ao mínimo - tirar a espera da vontade (BAUMAN, 2001, p.90).

5 A enganosidade a que se refere Bauman é fruto da cultura industrial que incentiva, de maneira excessiva, o consumo, promovendo o desperdício econômico e de recursos naturais.

Em outra vertente, é possível considerar que o mal que acomete os *indivíduos*, no tocante ao exercício de suas liberdades e inclinações naturais, também é aquele que acomete a própria *sociedade*. Em regra, toda massa é consideravelmente mais forte do que o indivíduo isolado. Todavia, a coletividade de consumidores, ao contrário do que se poderia imaginar, não demonstra qualquer tipo de resistência política, jurídica ou comportamental. Ao contrário disso, o domínio das massas tem sido o grande trunfo da indústria, porquanto, naturalmente, por meio das ações massificadas, tais como os *contratos de massa*, são potencializadas as atividades de difusão de produtos e serviços, bem como são mais eficazmente engendrados os mecanismos de padronização do consumo e do comportamento.

A sociedade de consumidores, na esteira do pensamento de Bauman,

> [...]é um tipo de sociedade que (recordando um termo, que já foi popular, cunhado por Louis Althusser) "interpela" seus membros (ou seja, dirige-se a eles, os saúda, apela a eles, questiona-os, mas também os interrompe e "irrompe sobre" eles) *basicamente na condição de consumidores*. Ao fazê-lo a "sociedade" (ou quaisquer agências humanas dotadas de instrumentos de coerção e meios de persuasão ocultos por trás desse conceito ou imagem) espera ser ouvida, entendida e obedecida (BAUMAN, 2008, p. 70).

Avança, portanto, no mesmo sentido, reconhecendo que "a 'sociedade de consumidores', em outras palavras, representa esse tipo de sociedade que promove, encoraja, ou reforça a escolha de um estilo de vida e uma estratégia existencial consumistas, e rejeita todas as opções cultuais alternativas" (BAUMAN, 2008, p. 71).

A indústria exerce pressões coercitivas sobre a sociedade e seus indivíduos desde a infância perdurando por toda a vida. E isso configura verdadeiro ato de condicionamento comportamental.

Como exemplo, o consumo e a propriedade de determinados *produtos da moda* são desencadeados pela indústria, por meio da oferta e da publicidade. Todavia, a sociedade, ao assimilar o modismo do momento, termina por servir à indústria no ideal de disseminar um comportamento. Na sociedade de consumidores, o sucesso de cada indivíduo e a sua capacidade de integração social são medidos, em grande monta, por suas possibilidades de aquisição e das próprias aquisições consideradas em si mesmas.

Certamente, o controle do comportamento, ditado pela sociedade de consumo ao consumidor, parece bem mais assimilável do que aquele exercido diretamente pelos fornecedores. É como se as práticas de consumo definidas pelos fornecedores fossem legitimadas pela sociedade. Reside nessa assertiva a completude da dominação individual e coletiva do consumidor; uma verdadeira sociedade irracional, sem reação, sem oposição, ou seja, "a Consciência Feliz - a crença em que o real seja racional e em que o sistema entrega as mercadorias - reflete o nôvo conformismo, que é uma facêta da racionalidade tecnológica traduzida em comportamento social" (MARCUSE, 1967, p.92).

2.2.1 A necessidade e a liberdade

O Direito Civil sempre concebeu a matéria dos contratos sob o prisma da possibilidade de exercício da liberdade. A liberdade confere ao indivíduo a *autonomia* necessária para que tome a decisão de construir ou se vincular a um pacto, a ele se submetendo de acordo com as regras estabelecidas por consenso.

Quando a necessidade se impõe - e aqui necessidade ganha um significado relevante para o consumidor, na medida em que representa sua dependência dos produtos e serviços que somente os fornecedores podem prover -, a liberdade se apequena.

Não custa relembrar, nas palavras de Rizzatto Nunes, que "mesmo o consumidor mais esclarecido é vulnerável, como qualquer outro, pois não tem acesso nem determina o ciclo da produção" (NUNES, 2012, p.69).

Não há como se conceber um ambiente de autogoverno, autodeterminação, enfim, autonomia, se um dos sujeitos, no caso o consumidor, está para outro, o fornecedor, em uma relação em que o primeiro depende do segundo como provedor de suas necessidades.

César Fiuza afirma, ao tratar dos contratos no contexto de uma teoria geral, que os contratos "são praticados por força de necessidades ou desejos os mais diversos". No entanto prega que, para satisfazê-los, "é mister que declaremos nossa vontade. A vontade é o fio condutor que nos leva à realização de nossas necessidades ou desejos" (FIUZA, 2013, p.493).

No entanto, no terreno dos contratos de consumo, a necessidade é de tal monta inarredável que faz com que a vontade simplesmente deixe de existir.

Vontade significa, no seu mais autêntico sentido, *voluntariedade*, ou, como nos ensina o estudo do vernáculo, "faculdade que tem o ser humano de querer, de escolher, de livremente praticar ou deixar de praticar certos atos" (HOUAISS; VILLAR, 2009, p.1.959).

Diante da necessidade, a vontade e a liberdade do consumidor sucumbem e, nesse caso, os temas do domínio da produção e da ausência de alternativas, de fato, colocam o consumidor em uma situação completamente submissa aos fornecedores, mormente em matéria contratual.

O produto que se extrai do domínio da produção e do modelo de sociedade de consumo é o fenecimento da vontade e da liberdade, diante do império da necessidade. Essa conclusão é altamente importante para o estudo da proteção jurisdicional e contratual do consumidor, porque revela a inexistência de um elemento essencial ao contrato e à própria autonomia, qual seja a liberdade. Como olhos postos na questão, diz Rizzatto Nunes:

> Acontece que, em larga medida, é impróprio falar que o consumidor age com "liberdade de escolha". Isso porque, como ele não tem acesso aos meios de produção, não é ele quem determina o quê nem como algo será produzido e levado ao mercado. As chamadas "escolhas" do consumidor, por isso, estão limitadas àquilo que é oferecido. São restritíssimas as chances de ele optar: pode, quando muito, escolher preço mais barato, condições de pagamento melhores etc., mas a restrição é dada pela própria condição material do mercado (NUNES, 2012, p.68).

Parece que a jurisdição deva reavaliar suas práticas a partir de uma verdadeira guinada metodológica realizando, como já dito, uma imersão no fato social de maneira realista, a propósito do que alude Georges Ripert:

> O liberalismo econômico se afirmava pela livre conclusão dos contratos. O contrato permite a troca de produtos e serviços e o direito clássico o tem por justo porque é debatido e consentido. Mas isso supõe, diz-se, igualdade de fôrças e liberdade de discussão. Se um dos contratantes pode impor sua vontade, se o outro é obrigado pela necessidade a aderir sem discutir, o contrato não é senão a lei do mais forte (RIPERT, 1947, p. 47).

De fato, não basta, sob o olhar positivista, imaginar que o contrato assinado pelo consumidor é manifestação consciente e livre de vontade, aplicando-lhe efeitos jurídicos, especialmente os obrigacionais.

É preciso um pensamento problemático, conforme sugere Theodor Viehweg, fundado especialmente na argumentação que consiga demonstrar que o contrato de consumo, embora assinado e legitimado *nos termos da lei*, não é suficiente para explicar o fenômeno consumerista em sua complexidade. No caso dos contratos de consumo, a positivação do Direito contratual impôs o dogma da vontade que, via de regra, é aferida por meio de uma análise formal do instrumento de contrato. Tal análise simplista não corresponde à realidade dos fatos e determina uma conclusão não verdadeira, como, por exemplo, que a contratação decorreu de um ato de liberdade, ou, como diz a teoria do negócio jurídico pandectista, de um *agente capaz*. Assim,

> Neste estado de coisas, a tópica tem que entrar novamente em jogo. Pois frente a problemas novos torna-se necessário anular, ao menor em parte, a perda de flexibilidade mediante uma interpretação adequada. Até que a legislação intervenha é preciso encontrar e evidentemente também aceitar pontos de vista ajustados às novas situações e que, não obstante, apareçam como concordes com os antigos. Este modo de proceder tem sido com frequência objeto de sátiras e comentários, porém demonstra que as mencionadas positivações, diante do desejo de resolver o problema, servem menos, ao longo do tempo, de orientação (VIEHWEG, 1979, p. 51-52).

Portanto, o papel da jurisdição na proteção contratual exige um olhar diferenciado para o fenômeno consumerista contemporâneo, porque a cada passo que a sociedade avança é preciso, como sustenta Lúcio Antônio Chamon Junior, "recriar" o Direito (CHAMON JUNIOR, 2005, p.276).

Isso se faz necessário porque a lógica da *teoria geral dos contratos* fundada no modelo das relações jurídico-negociais do século passado, que tanto influenciou o Direito Civil e o próprio Direito do Consumidor, neste início de século não está apta a reger o plexo de relações da contemporaneidade, que ostentam características totalmente distintas daquelas que animaram e animam a teoria geral dos contratos.

O primeiro passo a cargo da jurisdição estará na promoção de uma guinada ótico-interpretativa que compreenda contrato de consumo como um ato não decorrente do exercício da autonomia e da liberdade.

2.3 Massificação da produção e do consumo

O Direito vive ao sabor da história. Cada tempo tem, ou pelo menos deveria ter, um Direito factualmente correspondente às vicissitudes de seu momento existencial. Dentro desse contexto, Direito é, também, muito de cultura. Cultura que se cria ou cultura que se impõe pelo domínio, em suas mais variadas formas.

As grandes navegações de Espanha e Portugal, por exemplo, para as Américas do Centro e do Sul, aniquilaram culturas e retiraram dos povos nativos qualquer forma de resistência. As crenças e as culturas locais foram substituídas pela influência do catolicismo e pelo modo europeizado de ser e viver (HOBSBAWM, 1998, p. 406).

Contemporaneamente, guardadas as proporções ensejadas pelo advento da tecnologia e do modo como a sociedade se organiza, há outra forma de aniquilação cultural e de extermínio da subjetividade. Trata-se do processo de globalização econômica, o qual não encontra barreiras culturais, linguísticas ou mesmo territoriais.

Ao tratar do tema, Stuart Hall sustenta que

> Os *fluxos culturais*, entre as nações, e o consumismo global criam possibilidades de "identidades partilhadas" - "consumidores" para os mesmos bens, "clientes" para os mesmos serviços, "públicos" para as mesmas mensagens e imagens - entre pessoas que estão bastante distantes umas das outras no espaço e no tempo à medida em que as culturas nacionais tornaram-se mais expostas a influências externas, é difícil conservar as identidades culturais intactas ou impedir que elas se tornem enfraquecidas por meio do bombardeamento e da infiltração cultural (HALL, 1999, p.74).

As práticas da indústria, na contemporaneidade, promovem o extermínio da subjetividade e, assim, as práticas de fornecimentos de produtos e serviços não mais levam em conta os quereres de cada indivíduo e suas necessidades individuais.

O que passa a ocorrer é uma programação geral de gostos que são influenciados pela moda, pelo cinema e pelas incontáveis possibilidades comunicacionais (não democráticas, é claro), a exemplo da televisão e da internet, hoje levadas consigo por cada consumidor por meio de seus *smartphones*.

Destarte, uma campanha publicitária pode facilmente correr o mundo, sem fronteiras de qualquer jaez, alcançando bilhões de consumidores. Ao final, asiáticos, americanos, europeus, africanos e os povos da Oceania, todos estarão ávidos por produtos da *Coca-cola*, do *McDonald's* ou da *Apple*, isso porque todos eles estarão também ligados às redes mundiais de relacionamentos, como o *Facebook*, em que o padrão comportamental se propaga e se impõe (BARBOSA, 2013, p.11-12).

Bauman, nesse sentido, observa que "a sociedade pós-moderna envolve seus membros primariamente em sua condição de consumidores, e não de produtores" (BAUMAN, 2001, p.90). Mas também deve ser levado em conta que, uma vez detendo o domínio da produção, a indústria se encarregou de que tal domínio fosse exercido de forma qualitativa, voltada para determinados produtos, comportamentos ou estilos de vida.

É por isso que Bauman afirma acerca do "formidável poder que os meios de comunicação de massa exercem sobre a imaginação popular, coletiva e individual" (BAUMAN, 2001, p.99).

A massificação da produção é, assim, um fenômeno que tem enorme impacto nos contratos de consumo, posto serem estes os seus veículos. Por essa razão, observar os contratos de consumo no contexto das relações de massa contribui, sobremaneira, para compreender qual o papel que a vontade - que, em regra, é sempre algo individual - desempenha na sua formação, caracterização qualitativa e quantitativa, bem como quanto aos seus efeitos jurídicos.

2.3.1 Massificação dos contratos

A massificação da produção e do deságue dos produtos e serviços aos consumidores repercutiram diretamente nos contratos de consumo, considerados estes como expressão formal e jurídica ou somente jurídica do binômio fornecimento e consumo.

O contrato foi classicamente idealizado para as relações individuais e estava fundado, conforme ensina César Fiuza, como uma concepção "fruto exclusivo da vontade, tanto na sua formatação interna como na externa, influenciado que foi pelos postulados do racionalismo iluminista" (FIUZA, 2013, p. 503). Ou seja, fundado em uma premissa de igualdade e liberdade entre os sujeitos contratantes.

Assim é a liberdade preconizada pelo liberalismo, em que todos são iguais e livres[6]para estabelecer suas relações contratuais, bem como para a elas se

6 Não se quer afirmar com isso que nos Estados Liberais inexistam desigualdades. Em verdade, eram muitas as desigualdades, especialmente aquelas que depunham contra as mulheres, bem como aquelas criadas pela influência da burguesia no poder estatal. O que se quer demonstrar é que nas primeiras fases da industrialização ainda era possível um comércio fundado no relacionamento interpessoal.

submeterem obrigatoriamente, o que, entre os romanos, chamou-se de *pacta sunt servanda* (AZEVEDO, 2004, p.27).

Entretanto, o ambiente contemporâneo não mais permite o estabelecimento de diálogo, de negociação propriamente dita, como elemento a partir do qual se constroem os contratos, especialmente os contratos de consumo.

A massificação da produção passou a exigir um aperfeiçoamento das contratações como condição para o escoamento da produção. É possível perceber que a mesma tecnologia empregada na zona fabril para a produção em massa foi transportada para o setor comercial, exigindo, consequentemente, uma contratação também massificada.

Dessa forma, *não há tempo ou espaço para pensar o pacto* ou *refletir* acerca de seu objeto, de suas obrigações e, de uma forma geral, de suas implicações jurídico-obrigacionais. Ademais, não há sequer a possibilidade, na contemporaneidade, de se decidir por realizar ou não o contrato, pois os imperativos da necessidade, como já dito, é que definem a realização do contrato.

Nesse sentido, os mesmos males da massificação produtiva que tornaram os ambientes fabris estéreis e impessoais foram também levados para o terreno dos contratos.

Se na etapa fabril os indivíduos foram substancialmente substituídos pelas máquinas e pelo aparato altamente tecnológico, no campo das relações comerciais e, por decorrência, dos contratos, não foi diferente.

Essa realidade é bem explicitada por Gilles Lipovetsky e Jean Serroy ao sustentarem que "o universo *high-tech* aparece, assim, como uma máquina de dessocialização e de desencarnação dos prazeres que destrói o mundo sensível e as relações humanas táteis" (LIPOVETSKY; SERROY, 2011, p.46).

De fato, os contratos celebrados entre consumidores e fornecedores não guardam qualquer matiz de semelhança como contrato clássico, destinado a reger os indivíduos em suas relações negociais intersubjetivas.

Na contemporaneidade, *os contratos são formulários pré-concebidos* dentro de uma tecnologia que se vale da dogmática jurídica, com substância liberalista, como tônico da força obrigatória que interessa aos fornecedores, tal como interessava à burguesia do século XIX.

Não há uma análise de quem será ou quem serão os consumidores contratantes, a partir do que se poderiam traçar tipos ou conteúdos diferentes para cada contrato. Ao contrário disso, milhões de consumidores celebram o mesmo contrato, por mais que entre eles ocorram diferenças sociais, econômicas, psicológicas, entre tantas outras capazes de fulminar qualquer traço de igualdade entre os consumidores e, principalmente, entre estes e os fornecedores.

Na visão de César Fiuza,

> A revolução tecnológica serviu para a despersonalização do contrato. O diálogo perde espaço para o silêncio, pois os contratantes não mais se conhecem, nem se identificam ou se encontram. Imagine aquela frequente situação na qual a oferta é constituída pela presença de uma máquina distribuidora de bens de consumo, enquanto a aceitação é manifestada pela simples inserção de moedas em orifício adequado. Lembre ainda aquela corriqueira situação na qual a oferta é construída por uma série de imagens e informações alocadas em ambiente virtual, enquanto a aceitação se realiza pela simples digitação em teclado de computador (FIUZA, 2013, p. 504-505).

Roberto Senise Lisboa, atento ao universo das contratações massificadas e sem interação intersubjetiva dos contratantes, afirma que tal realidade do mercado levou

> [...]à padronização de inúmeras espécies de negócios jurídicos e a submissão do hipossuficiente à vontade dos detentores do poder econômico, nos contratos de adesão realizados. Sobredita padronização ocasionou não apenas benefícios, como também malefícios ao economicamente mais débil, desprovido de informações e conhecimento para se opor ao instrumento. Nem sequer se viabiliza a discussão do conteúdo da relação, quase que invariavelmente repleta de cláusulas predispostas (LISBOA, 2012, p.29-30).

É importante destacar o fato de que, a partir da massificação dos contratos, tornou-se cada vez mais comum a massificação dos abusos contra os consumidores. Não é para menos, pois uma única cláusula lesiva ao consumidor, individualmente considerado, será também a mesma cláusula lesiva a milhares de consumidores! Com isso, o contrato já não pode mais ser considerado como um fenômeno jurídico com efeitos entre as partes signatárias, mas sim com características propensas ao ilícito e à danosidade generalizadas.

Conforme aponta Rodolfo de Camargo Mancuso, "tem-se mesmo a impressão de que o indivíduo, isoladamente considerado, não mais 'existe', tragado pela voragem dos 'sistemas' aos quais é agregado compulsoriamente" (MANCUSO, 1994, p.330).

De fato, com a massificação da produção e a massificação do contrato, o indivíduo consumidor se apequenou e se diluiu em uma coletividade desgovernada e sem reação, o que é um traço marcante da hipossuficiência organizacional do consumidor, como bem apontado por Ada Pellegrini Grinover, em parecer solicitado pela Associação Nacional de Defensores Públicos e que instruiu a Ação Direta de Inconstitucionalidade nº 3943, junto ao Supremo Tribunal Federal:

> [...] existem os que são necessitados no plano econômico, mas também existem os necessitados do ponto de vista organizacional. Ou seja, todos aqueles que são socialmente vulneráveis: os consumidores, os usuários de serviços públicos, os usuários de planos de saúde, os que queiram implementar ou contestar políticas públicas, como as atinentes à saúde, à moradia, ao saneamento básico, ao meio ambiente etc. (GRINOVER, 2008, p.13).

Não resta dúvida quanto ao fato de as relações massificadas da contemporaneidade implicarem uma redução quase que total da possibilidade de construção de uma identidade contratual, fundada no exercício da liberdade, ou seja, de opções por parte do consumidor.

Dessa maneira, os contratos de massa não representam, como supõe o Direito posto[7], a vontade do consumidor, mas, ao contrário, a automação do contrato dentro das mais firmes conveniências econômicas dos fornecedores.

A jurisdição deve estar atenta a tal realidade, porque, como diz Ricardo Luis Lorezentti,

> Além das tradicionais e conhecidas intervenções estatais, surgiram as condições gerais de contratação, elaboradas pelas empresas e que têm um efeito normativo geral, ao qual se devem adaptar os contratos particulares. Nestes casos, observamos uma parte organizada que prepara as condições "gerais" e uma generalidade de indivíduos desorganizados aos quais se lhe aplica (LORENZETTI, 1998, p.193).

Considerar o contrato de consumo, na atividade concreta da interpretação jurisdicional, como produto da vontade, determinará enormes incongruências e limitações na atividade da tutela estatal em prol do consumidor.

---

7 Registre-se que o Código de Defesa do Consumidor (art. 46), mesmo considerando a situação de vulnerabilidade do sujeito consumerista, faz previsão com total desprezo à realidade dos tempos atuais, condicionando a força vinculante dos contratos de consumo à oportunidade prévia de conhecimento e compreensão dos escritos contratuais, por parte do consumidor. Ora! É evidente que de nada adianta ao consumidor ter prévio acesso ao conteúdo do contrato ou mesmo compreender o seu conteúdo, se, no final das contas, a contratação não lhe será uma opção ou algo que se possa escolher, mas sim uma necessidade inarredável que o fará contratar de qualquer modo.

3

CONTRATO DE CONSUMO: EM BUSCA DE UM NOVO PARADIGMA CONTRATUAL

Por meio de tudo o que foi estudado até o presente momento é possível concluir pela existência de um cenário social em que se desenvolve uma relação de dominação protagonizada pelo fornecedor em desfavor do consumidor, individualmente considerado e, também, da própria sociedade de consumo.

O aspecto central da dominação reside na dependência do consumidor quanto ao objeto da contratação, que nada mais é do que um conjunto de produtos e serviços necessários à vida do indivíduo, bem como à sua inclusão no âmbito do contexto social.

Assim sendo, a dependência do consumidor quanto aos produtos e serviços triviais da vida contemporânea, aliada ao caráter massificado das contratações, ao modismo e ao consumismo, implica que o contrato de consumo dos dias atuais não guarde qualquer semelhança com seu antecessor clássico, cujas estruturas jurídicas foram forjadas, no Direito brasileiro, especialmente no início do século XX, com o Código Civil de 1916, de inspiração liberal.

O traço marcante dos contratos liberais que inspiram a teoria geral dos contratos até os dias de hoje, lançando suas bases teóricas inclusive sobre os contratos de consumo, é a liberdade.

Frise-se que a liberdade não é um traço marcante das relações de consumo, muito menos dos contratos que a servem.

A referida ausência de liberdade nos contratos consumeristas está assentada, fundamentalmente, na dependência do consumidor em relação aos produtos e serviços de que necessita, o que, por certo, estabelece nítida situação de hipossuficiência econômica.

Na relação entre quem produz e quem consome, não há equilíbrio. Embora em um juízo simplório seja possível imaginar que sem consumo inviabiliza-se a produção e sem produção inviabiliza-se o consumo, a grande verdade é que o produtor está em condição de superioridade. Aliás, em dupla condição de superioridade, já que o mesmo fornecedor de produtos e serviços necessários à vida do consumidor é, também[1], seu empregador, direto ou indireto.

Enzo Roppo, a propósito do tema, sem distinguir entre contratos de consumo ou contrato privados em geral, advertiu acerca de que pode

> [...]uma das partes se aproveitar de sua superioridade económica - e por isso do seu superior poder contratual - para impor unilateralmente à outra cláusulas que estabelecem derrogações e desvios ao esquema legal típico, destinadas, exclusivamente, a assegurar ao contraente "forte" vantagens e lucros e a atribuir ao contrate "débil" encargos e riscos que a lei tendia a repartir de modo mais equitativo: derrogações e desvios que este último é constrangido a suportar, justamente por efeito da sua inferior posição económico-social (ROPPO, 2009, p.149).

Por isso, a tarefa de compreensão das feições do contrato, como elemento destinado a instrumentalizar as relações de consumo da contemporaneidade, é fundamental para a construção de um juízo valorativo ou propositivo correto, no tocante à atuação jurisdicional na tutela dos consumidores contratantes.

Esse novo enfoque, que deve ser carregado de realismo e *não apenas de ficção jurídico-formal*, proporcionará ao intérprete a compreensão de que a liberdade não pode mais ser levada em conta como pressuposto existencial, de validade ou eficácia dos contratos de consumo. Veja-se, a propósito, que é na sociedade o ponto de partida e chegada do fenômeno do Direito. Dessa forma, o Direito deve conseguir reproduzir o mais fiel reflexo de todos os seus matizes. Como consequência dessa análise fenomenológica, tanto quanto e quando se modificarem as estruturas da sociedade e de suas aspirações de coexistência ideal, deve o Direito se adaptar e, nesse embalo, ser desconstruído e reconstruído.

Entretanto, mesmo com as mudanças trazidas pela contemporaneidade, a teoria geral dos contratos não sofreu reformas capazes de colocá-la em diálogo com o mundo real.

---

1 Hannah Arebdt, sobre isso, observa que "[...] trabalho e consumo são apenas dois estágios do mesmo processo, imposto aos homens pela necessidade da vida[...]" (ARENDT, 2013, p.156).

Por isso, não pode ser dado ao intérprete contemporâneo deixar de identificar ou perder de vista que o contrato estruturado nos moldes jurídicos clássicos já não atende e não se relaciona com os pactos realizados no universo consumerista da atualidade.

Seja na concepção de uma técnica ou ciência aplicada à sociedade, o Direito, como bem salienta Ricardo Luís Lorenzetti, deve alinhar-se à realidade social correspondente. Dentro de tal raciocínio, sustenta que

> Um paradigma é um modelo acerca da ciência normal; desenvolve os problemas e métodos corretos que serão especificados na atividade científica; tem um *status* anterior à regra, porque a condiciona.
>
> A própria ordem codificada estatal constitui um paradigma, um modelo dentro do qual atua a dogmática. Os paradigmas vêm sendo depurados mediante operações de simplificação que realizam os juristas, até torná-los específicos. Há, contudo, um momento em que se tornam ininteligíveis, ineficazes, deixam de ter sua função ou permanecem mudos frente a novos questionamentos; é o momento em que se produz a mudança (LORENZETTI, 1998, p. 84).

Destarte, a mudança da concepção que se tem sobre o contrato no âmbito consumerista não só é oportuna como também necessária, sob pena de andar a academia, os protagonistas operacionais do mundo jurídico e a própria jurisdição em profundo anacronismo, que degrada os construtos jurídicos e a própria ideia de justiça.

3.1 A vontade e os contratos

Segundo Caio Mário da Silva Pereira e, de forma geral, segundo o que sempre se propagou dentro do ideal liberalista que esteve a reger o Direito Privado brasileiro, especialmente quando do advento do Código Civil de 1916, até o Código Civil de 2002, *contrato* pode ser compreendido como

> [...] um negócio jurídico bilateral, e de conseguinte exige o consentimento; pressupõe, de outro lado, a conformidade com a ordem legal, sem o que não teria o condão de criar direitos para o agente; e, sendo ato negocial, tem por escopo aqueles objetivos específicos. Com a pacificidade da doutrina, dizemos então que o contrato é um acordo de vontades, na conformidade da lei, e com a finalidade de adquirir, resguardar, transferir, conservar, modificar ou extinguir direitos. Dizendo-o mais sucintamente,

> e reportando-nos à noção que demos de negócio jurídico (nº 82, supra, vol. I), podemos definir contrato como o "acordo de vontades com a finalidade de produzir efeitos *jurídicos*" (PEREIRA, 2003a, p.14).

A possibilidade do exercício da vontade, típica do liberalismo, representou fundamental avanço nas sociedades modernas, na medida em que os indivíduos foram desvencilhados das amarras do arbítrio externo e do autoritarismo de reis, imperadores e do próprio Estado.

Na visão de Donald Stewart Jr, ferrenho defensor do modelo, "o liberalismo surgiu, gradativamente, como uma forma de oposição às monarquias absolutas e ao seu correspondente regime econômico, o mercantilismo" (STEWART JR, 1995, p.16).

A vontade sempre foi elemento festejado pelo Direito Civil. Aliás, o Direito Civil clássico, enquanto uma ferramenta a serviço do Estado Liberal, é direito dos livres, daqueles que podem exercer sua autonomia no campo privado, fazendo surgir, conservar ou extinguir vínculos. Logo, para o autor,

> Liberalismo é liberdade econômica, é liberdade de iniciativa, entendidas como o direito de entrada no mercado para produzir os bens e serviços que os consumidores, os usuários, desejam. É a liberdade de contrato representada pelo estabelecimento de preços, salários e juros sem restrições de qualquer natureza. É a aventura e o risco de alguém só ser bem-sucedido se produzir algo melhor e mais barato. Uma sociedade organizada segundo os preceitos do liberalismo pressupõe a livre contratação entre as partes de quaisquer transações de interesse recíproco; ninguém pode ser obrigado, por coerção ou fraude, a comprar, a vender, ou a realizar qualquer contrato (STEWART JR, 1995, p.73).

Importa notar que a proposta é a de que os indivíduos de uma sociedade liberal não mais se sujeitem ao arbítrio de quem quer que seja, ou esteja a exercer o poder. Na verdade, a partir do exercício da liberdade, os indivíduos se submetem voluntariamente, livremente a determinados mandamentos, como, por exemplo, o contrato.

Não custa reforçar que dessa premissa é que parte o entendimento de que o contrato faz lei, gera vinculação, obrigação entre as partes; leis que são feitas pelas partes, às suas livres escolhas. Para Norberto Bobbio,

> Há uma acepção de liberdade – que é a acepção prevalente na tradição liberal – segundo a qual 'liberdade' e 'poder' são dois termos antitéticos, que denotam duas realidades em contrate em si e são, portanto, incompatíveis: nas relações entre duas pessoas, à medida que se estende o poder (poder

> de comandar ou de impedir) de uma diminui a liberdade em sentido negativo da outra, e vice-versa, à medida que a segunda amplia a sua esfera de liberdade diminui o poder da primeira. Deve-se agora acrescentar que para o pensamento liberal a liberdade individual está garantida [...] (BOBBIO, 2000, p.20).

Liberdade e vontade são faces de uma mesma moeda: a faculdade de decisão da qual se vale o indivíduo para construir laços (contratos) com o seu concidadão, ou seja, seu autogoverno. É o que Antônio Junqueira de Azevedo prega ao afirmar que,

> As definições do negócio jurídico, como ato de vontade, são as mais antigas na ordem histórica e talvez se possa dizer que, até hoje, mesmo na doutrina estrangeira, são elas ainda as mais comuns. Fala-se, então, para conceituar o negócio jurídico, em manifestação de vontade destinada a produzir efeitos jurídicos, ou em ato de vontade dirigido a fins práticos tutelados pelo ordenamento jurídico, ou, ainda, em declaração de vontade (adotada, porém, esta última expressão em sentido pouco preciso, por meio do qual não se a distingue de manifestação de vontade) (AZEVEDO, 2002, p. 4).

No Brasil, a codificação contratual ditada pelo Código Civil de 1916 espelhou, sem disfarces, a *autonomia da vontade*, enquanto exteriorização da liberdade, como luminar de sua estrutura legislativa.

Era um Código[2] de índole liberal, burguesa e, segundo sua gênese, a liberdade ocupava a função nuclear e estrutural dos contratos (BRASIL, 1916).

Consequentemente, como requisito de validade do contrato, ele deveria ser celebrado por *agente capaz*, ou seja, por pessoa que pudesse expressar livremente sua vontade de contratar.

Com olhos postos na modernidade[3], o próprio Caio Mário situa o contrato em uma concepção que leva em conta as novas feições adquiridas pela socie-

---

2 Art. 82. A validade do ato jurídico requer agente capaz (art. 145, n.º I), objeto lícito e forma prescrita ou não defesa em lei (arts. 129, 130 e 145). [...] Art. 1.079. A manifestação da vontade, nos contratos, pode ser tácita, quando a lei não exigir que seja expressa. Art. 1.080. A proposta do contrato obriga o proponente, se o contrário não resultar dos termos dela, da natureza do negócio, ou das circunstâncias do caso.

3 É importante anotar que o termo "modernidade" utilizado por Caio Mário tem mais relação com o sentido de sociedade industrializada, capitalista, do que com o próprio período histórico que o termo representa literalmente. Fica bastante claro que o autor está de fato mirando o fenômeno das relações havidas entre consumidores e fornecedores, a propósito da transcrição trazida logo adiante.

dade de consumidores[4] e, de uma forma geral, pela sociedade que se vê imersa em novos padrões de vida, de consumo e de tecnologias. Essa nova sociedade é altamente produtiva.

Assim, o contrato passa a ser fundamental à vida na contemporaneidade, reconhecendo, inclusive, tal como já abordado em outras linhas deste trabalho, o caráter geral e inarredável das contratações. No dizeres de Caio Mário Pereira, tem-se que,

> Qualquer indivíduo -sem distinção de classe, de padrão econômico, de grau de instrução - contrata. O mundo moderno é o mundo do contrato. E a vida moderna o é também, e em tão alta escala que, se se fizesse abstração por um momento do fenômeno contratual na civilização de nosso tempo, a consequência seria a estagnação da vida social. O *homo economicus* estancaria as suas atividades. É o contrato que proporciona a subsistência de toda a gente. Sem ele, a vida individual regrediria, a atividade do homem limitar-se-ia aos momentos primários (PEREIRA, 2003a, p.17).

A transição pela qual passou a sociedade – do liberalismo da fase inicial da produção industrial para a indústria altamente produtiva da contemporaneidade– foi corretamente observada por Caio Mário Pereira, quando ponderou o exercício da autonomia da vontade, situando-a em um novo contexto social e jurídico: o da intervenção do Estado no domínio das relações negociais privadas. Portanto, de acordo com sua percepção,

> O contrato, que reflete por um lado a autonomia da vontade, e por outro submete-se à ordem pública, há de ser conseguintemente a resultante deste paralelogramo de forças, em que atuam ambas estas frequências. Como os conceitos de ordem pública e bons costumes variam, e os conteúdos das respectivas normas por via de consequência, certo será então enunciar que em todo tempo o contrato é momento de equilíbrio destas duas forças, reduzindo-se o campo da liberdade de contratar na medida em que o legislador entenda conveniente alargar a extensão das normas de ordem pública, e vice-versa (PEREIRA, 2003a, p.27).

O que se está dizendo é que novos elementos foram introduzidos no campo dos contratos privados e que, de certa forma, não o fazem mais apenas como expressões da vontade ilimitada dos contratantes. Independentemente

4 Essa é a sociedade que floresce a partir da 2ª Guerra Mundial e do crescente processo de industrialização que a seguiu, alcançando seu apogeu produtivo como advento das tecnologias da informação, especialmente a popularização dos aparelhos de televisão e, posteriormente, com a internet.

da vontade, tem-se, agora, os imperativos da *função social, boa-fé objetiva* e *probidade* regendo os contratos.

Dentre os elementos disseminadores dos novos imperativos jurídicos do contrato, a Constituição Federal de 1988 ganha destaque, pois a partir dela uma nova ordem foi pulverizada por todo o ordenamento, alcançando a disciplina privada dos contratos e fazendo com que a mesma ganhasse tons mais publicistas, típicos de um Estado reformulado constitucionalmente para uma ótica mais social[5] e mais intervencionista[6].

Segundo Gustavo Tepedino,

> Ao eleger a dignidade humana como valor máximo do sistema normativo, o Constituinte exclui a existência de redutos particulares que, como expressão de liberdades fundamentais inatas, desconsiderem a realização plena da pessoa. Vale dizer, família, propriedade, empresa, sindicato, universidade, bem como quaisquer microcosmos contratuais devem permitir a realização existencial isonômica, segundo a óptica da solidariedade constitucional. Sendo assim, não configuram espaços insuscetíveis ao controle social, como queria o voluntarismo, justamente porque integram uma ordem constitucional que é a mesma tanto nas relações de direito público quanto nas de direito privado. Não se poderia admitir a democracia nas ruas e a intolerância na vida privada (TEPEDINO, 2003, p.2).

Como se vê, o exercício da liberdade dos contratantes foi mitigado pelo cogente atendimento das partes e da própria substância, forma, objetivos e efeitos do contrato, a uma função social. Além disso, impôs-se um dever de probidade e de boa-fé objetiva, em todas as fases do contrato, desde sua concepção, nas tratativas, até sua conclusão (BRASIL, 1988).

Mas será que essas mudanças, não obstante serem extremamente válidas, são suficientes para explicar o contrato de consumo? Imagina-se que não.

É que a liberdade que dá asas à vontade, ou seja, a declaração de vontade que instiga e produz o contrato, não obstante as limitações impostas pelo ordenamento jurídico, **ainda é tida como um elemento vital para a sobrevivência e os efeitos do contrato no Direito Privado. E é justamente por isso que a atuação jurisdicional, atrelada a essas premissas, não está cumprindo seu papel protetivo.** A jurisdição, ao tratar os contratos de consumo como frutos

---

5 Art. 3º Constituem objetivos fundamentais da República Federativa do Brasil: I - construir uma sociedade livre, justa e solidária;

6 Art. 5º [...] XXXII - o Estado promoverá, na forma da lei, a defesa do consumidor;

de um suposto exercício de liberdade, está ancorando seu pressuposto fático em um flagrante equívoco.

Basta ver, a propósito, o Código Civil de 2002, que, ao tratar do *negócio jurídico*[7], espécie dos *atos jurídicos,* em que está inserido o contrato, o faz com fundamento na ideia de que o sujeito detém autonomia (BRASIL, 2002).

Convém reparar que a flexibilização do aspecto linguístico, literal, do conteúdo dos contratos, presente na redação do artigo 112, em nenhum momento mitiga a importância do elemento volitivo para a realização do negócio jurídico, bem como de seus efeitos. Ocorre, tão somente, uma forma de interpretação desapegada da literalidade, possibilitar-se encontrar "a comum intenção das partes" (ROPPO, 2009, p.171).

Entretanto, não obstante a possibilidade de uma leitura menos literal do contrato, a vontade permanece na ficção jurídica do texto da lei, mesmo não sendo essa a realidade dos contratos de consumo.

Pois bem, o contrato regido pelo Direito Civil parte da premissa do exercício da liberdade em um contexto de relações bem menos numéricas, frenéticas e repetitivas do que hodiernamente é visto no terreno consumerista. Nesse caminho, ditado pela evolução da sociedade e de sua dinâmica produtiva e de consumo, o sentido de liberdade ganha novo significado e, conseguintemente, a urgente necessidade de uma redefinição de sua presença na órbita jurídica dos contratos de consumo.

Com a acuidade que é digna dos mais admiráveis juristas, Caio Mário Pereira reconhece o problema dos contratos contemporâneos, além das mutações às quais se submeteram, especialmente no tocante à liberdade e vontade das partes contratantes:

> No começo, porém, do século XX compreendeu-se que, se a ordem jurídica prometia a igualdade política, não estava assegurando a igualdade econômica. O capitalismo desenvolto, com a industrialização crescente, e a criação das grandes empresas, conduziu à defasagem dos contratantes. Aparentemente iguais, estes se acham via de regra desnivelados economi-

7 Art. 107. A validade da declaração de vontade não dependerá de forma especial, senão quando a lei expressamente a exigir. [...] Art. 110. A manifestação de vontade subsiste ainda que o seu autor haja feito a reserva mental de não querer o que manifestou, salvo se dela o destinatário tinha conhecimento. Art. 111. O silêncio importa anuência, quando as circunstâncias ou os usos o autorizarem, e não for necessária a declaração de vontade expressa. Art. 112. Nas declarações de vontade se atenderá mais à intenção nelas consubstanciada do que ao sentido literal da linguagem.

camente. E o negócio que realizam sofre a influência desta diferenciação. Consequentemente, o contrato, com as vestes de um ato emanado de vontades livres e iguais, contém muitas vezes uma desproporcionalidade de prestações ou de efeitos em tal grau que ofende aquele ideal de justiça que é a última ratio da própria ordem jurídica *(PEREIRA, 2003a, p.28).*

Porém, concluiu pela prevalência da vontade, mesmo que mitigada, mesmo que submetida a diversas condicionantes, a exemplo da função social:

> O que se pode apontar como a nota predominante nesta quadra da evolução do contrato é o reforçamento de alguns conceitos, como o da regulamentação legal do contrato, afim de coibir abusos advindos da desigualdade econômica; o controle de certas atividades empresárias; a regulamentação dos meios de produção e distribuição; e sobretudo a proclamação efetiva da preeminência dos interesses coletivos sobre os de ordem privada, com acentuação tônica sobreo princípio da ordem pública, que sobreleva ao respeito pela intenção das partes, já que a vontade destas obrigatoriamente tem de submeter-se àquele (PEREIRA, 2003a, p.29).

E por mais nítidos que sejam os avanços e as evoluções na seara dos contratos, especialmente naquilo que interessa à justiça contratual, trazidos pelo Código Civil de 2002, ainda vigoram os textos legais que analisam os contratos celebrados entre consumidores e fornecedores, sob a condicionante da vontade e da liberdade[8] (BRASIL, 2002).

O próprio Código de Defesa do Consumidor, lamentavelmente, ao contrário do que se poderia esperar de uma lei vocacionada a regular especificamente as tão singulares relações jurídicas de consumo, concebe o contrato como ato de vontade[9] (BRASIL, 1990).

De fato, são fortíssimas as influências do liberalismo, mesmo no contexto de leis, a exemplo do Código de Defesa do Consumidor, com natureza e enfoque protetivos de uma determinada categoria de indivíduos ou classe. Nesse sentido, válidas são as observações de Enzo Roppo sobre o tema, senão vejamos:

---

8 É o que prevê o artigo 421, do Código Civil: A liberdade de contratar será exercida em razão e nos limites da função social do contrato.

9 Art. 48. As declarações de vontade constantes de escritos particulares, recibos e pré-contratos relativos às relações de consumo vinculam o fornecedor, ensejando inclusive execução específica, nos termos do art. 84 e parágrafos.

> A teoria política do "contratualismo" mostra, assim, à evidência como o conceito de contrato pode ser utilizado, e foi historicamente utilizado, *com uma função ideológica*, quer dizer - uma vez que é este o significado técnico de "ideologia" - com uma função de parcial ocultamento ou disfarce da realidade, operado com o fim de melhor prosseguir ou tutelar determinados interesses. Mas isso resulta ainda mais claramente, e para nós mais significativa e relevantemente, se analisarmos as doutrinas e os princípios em matéria de contrato elaborados pela ciência jurídica e codificados pelos legisladores a partir do século passado, no apogeu da hegemonia política cultural da classe burguesa, e que – embora de várias formas contestados e abalados–, ainda hoje continuam a exercer a sua influência (ROPPO, 2009, p. 29-30).

Por parte da jurisprudência, a valorização do elemento volitivo demonstra forte involução no campo da interpretação dos contratos de consumo. No Superior Tribunal de Justiça, a quem cabe a última análise da legislação federal, nela incluídas as leis sobre contratos, é possível observar o destaque que se dá à vontade, tomando-se como base dois arestos que trazem uma síntese do pensamento da Corte:

> RECURSO ESPECIAL. AÇÃO CIVIL PÚBLICA. PLANO DE SAÚDE. HONORÁRIOS MÉDICOS COMPLEMENTARES. RESPONSABILIDADE DO USUÁRIO. OPÇÃO POR ACOMODAÇÃO SUPERIOR À CONTRATADA. CLÁUSULA CONTRATUAL. LEGALIDADE. AUSÊNCIA DE ABUSIVIDADE. VALORIZAÇÃO DO TRABALHO MÉDICO. INEXISTÊNCIA DE DUPLO PAGAMENTO.
>
> [...]
>
> 7. Não há ilegalidade ou abusividade na cláusula contratual de plano de saúde que prevê o pagamento pelo usuário da complementação de honorários médicos caso solicite o internamento em acomodação de padrão superior àquela prevista no contrato. Ao contrário, essa cláusula apenas informa ao consumidor as despesas que deverá arcar caso proceda, segundo os princípios da autonomia da vontade e da liberdade de contratar, à escolha de hospedagem não coberta pelo plano de saúde.
>
> 8. O pagamento dos honorários médicos complementares é feito diretamente ao profissional da saúde, não havendo duplicidade de pagamento, limitação de direito do consumidor ou a sua colocação em situação de desvantagem exagerada.
>
> 9. Recurso especial não provido (BRASIL, Superior Tribunal de Justiça. REsp. 1178555/PR, Rel. Ministro Ricardo Villas Bôas Cueva, TERCEIRA TURMA, julgado em 09/12/2014, DJe 15/12/2014).

Na medida em que o Superior Tribunal de Justiça justifica sua decisão proferida em matéria contratual de consumo, utilizando-se dos elementos da *autonomia da vontade* e da *liberdade de contratar*, incorre em flagrante equívoco, porque, de um lado, tais elementos pertencem à teoria geral dos contratos civis e não se acomodam nas questões tão peculiares atinentes aos contratos de consumo, e, de outro, porque parte de uma premissa fática não verdadeira, já que *o consumidor de fato não detém liberdade de contratar.*

Trata-se de uma decisão com viés positivista. E, nesse ponto, em particular, o positivismo jurídico, ancorado no legalismo e na dogmática, não oferece ao intérprete alternativas e meios de fazer com que a interpretação deixe de ser apenas uma expressão fria do direito posto, sem qualquer sinergia com o mundo dos fatos.

Não por outro motivo, Karl Larenz afirmou categoricamente que "o conceito positivista de *realidade* é demasiado acanhado" (LARENZ, 1997, p.160).

Ao cultuar a premissa da liberdade como força motriz dos contratos, a jurisprudência invade o terreno consumerista com a técnica teórica dos contratos privados, chegando ao absurdo entendimento que se pode observar no seguinte julgamento:

> ADMINISTRATIVO. RECURSOS ESPECIAIS. CONTRATOS DE PRESTAÇÃO DE SERVIÇOS DE TELEFONIA. CLÁUSULA DE FIDELIZAÇÃO. LEGALIDADE.PRECEDENTES DESTA CORTE SUPERIOR. RECURSOS ESPECIAIS PROVIDOS.
>
> [...]
>
> 3. As tutelas judiciais de proteção ao consumidor, sem embargo da essencialidade de sua macrofunção nos mercados mono ou oligopolísticos, não devem ir ao ponto de exercer impedimentos ou constrições à vontade jurídica livremente manifestada pelos indivíduos, como se fossem devolvidos à incapacidade de contratar ou de cuidar da defesa dos seus próprios interesses; essas tutelas devem ter atuação eficaz nos casos de abusos caracterizados ou se uma das partes prevalecer-se de sua posição dominante para impor à outra quaisquer avenças ou acordos.
>
> 4. Recursos Especiais providos para, considerando legítima a cláusula de fidelização, cassar o acórdão recorrido, restabelecendo in totum a sentença de 1º Grau, que julgou improcedente a Ação Civil Pública ajuizada pelo MP do Estado de Minas Gerais (BRASIL, Superior Tribunal de Justiça. REsp 1445560/MG, Rel. Ministro NAPOLEÃO NUNES MAIA FILHO, PRIMEIRA TURMA, julgado em 16/06/2014, DJe 18/08/2014).

Aqui fica explícito o quanto Larenz tinha razão. O motivo é porque o acórdão parte do pressuposto fático de que a atuação jurisdicional deve ser pontual, negando, portanto, a existência do *caráter geral da dominação dos fornecedores em relação aos consumidores* nos contratos em que estes são partes.

Pior, ainda, é considerar como razão de decidir a existência de uma vontade livremente manifestada pelo consumidor quando, na verdade, a realidade contratual é a dos contratos de massa, pré-estabelecidos e sem oportunidade dialógica. A descoberta da realidade contratual de consumo impõe-se à jurisdição, libertando-se, se necessário for, dos dogmas do ordenamento, inclusive da própria jurisprudência dominante. Importantes, portanto, as considerações de Ludwig Enneccerus: "Pero la ciência jurídica tiene que ser siempre consciente de su misíon conductora, tiene que mantener se alejada, tanto del doctrinarismo extraño a la vida e irreal, como de repetir sin espíritu crítico las decisiones de los tribubunales" (ENNECCERUS, 1953, p.79).

Somente na circunstância de efetiva igualdade entre as partes, como ocorre entre particulares, em que não há, de regra, uma relação de dependência e nem de dominância, é que se pode, com o mínimo de segurança, fazer uso das ferramentas jurídicas inspiradas na teoria dos contratos privados.

Humberto Theodoro Junior, ao tratar dos elementos basilares do contrato, afirma que, entre eles, para a teoria liberal, está a "liberdade que confere às partes o poder de convencionar o que quiserem e como quiserem", respeitados, por óbvio, os limites da ordem jurídica. Adiante cuida das evoluções sociais e jurídicas, especialmente os ventos do Estado Social de Direito, concluindo, todavia, que, mesmo assim, "o acordo de vontade continua sendo 'o elemento subjetivo essencial do contrato, sem o qual ele não poderia sequer existir, e que lhe dá sua função primordial nas relações sociais'" (THEODORO JUNIOR, 2008, p.1;5).

Essa lógica e modelo jurídicos são realizáveis, se e somente se, **de fato**, houver uma relação de igualdade substancial, que torne possível levar em conta o exercício da vontade, como antecedente contratual e como pressuposto de vinculação e de geração de efeitos contratuais.

Aliás, sem maiores digressões, apenas se ocupando de relembrar que o Direito do Consumidor é um sistema de proteção do sujeito vulnerável, assim considerado por presunção legal e geral, é possível estabelecer a conclusão de que **a teoria geral dos contratos não serve aos contratos em que figuram**

como partes o consumidor e o fornecedor, objetivando regular o fornecimento de produtos ou a prestação de serviços.

Nessa linha, ao tratar do Direito do Consumidor como um sistema vocacionado especificamente à proteção do mais frágil, argumenta Ricardo Luis Lorenzetti que

> O direito do consumidor tem demonstrado grande força expansiva e ninguém duvida de sua autonomia. Tem fonte constitucional, legislação especial, órgãos de aplicação cada vez mais especializados, doutrina e princípios particulares. Possui assim, clara autonomia, já que a base de sustentação do sistema é princípio protetivo, com sede constitucional, o que significa um estatuto protetivo das pessoas vulneráveis, apartando-se assim da igualdade geral baseada na noção de "cidadão", que fundou o nascimento dos Códigos Civis (LORENZETTI, 2010, p.46).

Os argumentos de Lorenzetti e a própria realidade legislativa brasileira dão a certeza de que o tratamento que se tem dado às questões jurídico-consumeristas vem reclamando do Estado um olhar especialíssimo sobre o tema, levando à criação não apenas de regras protetivas, mas de verdadeiros *microssistemas*.

A compreensão que se deve ter acerca dos microssistemas de defesa e, no caso, do microssistema de defesa do consumidor, é que **se trata de uma alternativa ao generalismo do Direito Civil**.

Os microssistemas deslocam a interpretação, a partir dos paradigmas clássicos e gerais, como é o caso da teoria geral dos contratos privados, para paradigmas especiais, conforme se pode observar do que ressoa do Código de Defesa do Consumidor[10] (BRASIL, 1990).

No campo das relações entre consumidores e fornecedores, há verdadeiros abismos entre tais sujeitos, que vão das questões sociais às econômicas, sem contar na relação de dependência que conduz o consumidor ao fornecedor, conforme já tratado nas primeiras linhas deste trabalho. E, portanto, aqui está a gênese de um microssistema: reconhecer as desigualdades que conduzem à vulneração de um em relação ao outro sujeito, para, a partir disso, buscar-se o equilíbrio de forças.

---

10 Art. 1° O presente código estabelece normas de proteção e defesa do consumidor, de ordem pública e interesse social, nos termos dos arts. 5°, inciso XXXII, 170, inciso V, da Constituição Federal e art. 48 de suas Disposições Transitórias.

A própria Constituição Federal de 1998 incumbiu o Estado do desígnio[11] de construir uma igualdade substancial, considerando o reconhecimento constitucional das diferenças de tantos matizes da sociedade brasileira, determinadas por circunstâncias mais variadas possíveis, mas, especialmente, aquelas que decorreram de processos históricos de marginalização de determinadas camadas da população, desde o genocídio e a escravidão de índios e negros, até o abandono estatal dos menos favorecidos, estando, muitas vezes, uma coisa e outra, umbilicalmente relacionadas. Sob tal perspectiva, oportunas as considerações prefaciais de Caio Mário Pereira:

> Convivendo com um sistema normativo que sempre se contentou com a pacificação dos conflitos, cabe aos juristas, intérpretes e operadores do Direito, assumi-lo com a "função promocional" apregoada por Norberto BOBBIO desde a década de setenta. O Código de Defesa do Consumidor, o Estatuto da Criança e do Adolescente e a Lei de Diretrizes e Bases da Educação representam estrutura legislativa que se projetará como modelo dos diplomas legislativos, nos quais há de prevalecer, acima de tudo, o respeito aos direitos fundamentais. Devemos, portanto, assumir a realidade contemporânea: os Códigos exercem hoje um papel menor, residual, no mundo jurídico e no contexto sócio-político. Os "microssistemas", que decorrem das leis especiais, constituem polos autônomos, dotados de princípios próprios, unificados somente pelos valores e princípios constitucionais, impondo-se assim o reconhecimento da inovadora técnica interpretativa (PEREIRA, 2003a, p.9).

Portanto, com o reconhecimento da existência de desigualdades por parte do Estado, a premissa fática é elevada aos *status* de realidade jurídica. E é nesse cenário que os microssistemas começam a surgir e realizar suas missões protetivas e, até mesmo, construtivas de uma situação de verdadeira paridade de forças.

A jurisdição, ao debruçar-se sobre as relações conflituosas decorrentes dos contratos de consumo, deve, como condição de justiça, assimilar a ideia de que o contrato não é um ato de liberdade, muito menos de vontade. Com isso, até mesmo os positivistas adeptos à subsunção com base na adequação fato e norma terão uma chance de, pelos menos, não adequar norma a fato inexistente, ou seja, a liberdade de contratar e a liberdade contratual do consumidor.

---

11 Art. 3º Constituem objetivos fundamentais da República Federativa do Brasil: I - construir uma sociedade livre, justa e solidária; II - garantir o desenvolvimento nacional; III - erradicar a pobreza e a marginalização e reduzir as desigualdades sociais e regionais; IV - promover o bem de todos, sem preconceitos de origem, raça, sexo, cor, idade e quaisquer outras formas de discriminação.

3.2 Os contratos no campo das relações de consumo

Para Emílio Betti,

> A norma jurídica, considerada no seu arranjo lógico, consta de uma previsão e de uma disposição correspondente. Isto é, prevê, em abstracto e em geral, hipóteses de facto, classificadas por tipos e, ao mesmo tempo, orientadas segundo as directivas de uma valoração jurídica - hipóteses que, em terminologia técnica, são denominadas *fattispecie* - e estabelecendo um tratamento apropriado, relacionando com elas, por meio de uma síntese normativa, como se fossem "efeitos", situações jurídicas correspondentes (BETTI, 1969, p. 17-18).

Dentro dessa linha, contrato é uma concepção jurídica que se realiza, de fato, pressupondo determinados elementos fáticos ou reais.

Porém, duas realidades não fazem parte (da *fatispécie*) do mundo dos contratos celebrados entre consumidores e fornecedores, quais sejam (1) a ausência de liberdade do consumidor em decidir pelo ato de contratar, bem como (2) a ausência de possibilidade, por parte do consumidor, de construção dos elementos formais e, principalmente, materiais do próprio contrato. Malgrado esta assertiva, o reconhecimento da questão fática não se faz presente na teoria geral dos contratos, muito menos no Código de Defesa do Consumidor, especialmente quando trata da proteção contratual a partir de seu artigo 46.

Tais aspectos fáticos constituem a espinha dorsal dos contratos em geral, tal como prega Enzo Roppo, ao tratar da autonomia no tocante ao ato de decidir por "contratar ou não contratar" e, em caso positivo, como será construído o "conteúdo" desse contrato (ROPPO, 2009, p.132).

Dentro dessa lógica, os contratos de consumo são equivocadamente pressupostos a partir de uma hipotética convergência de vontades, que resulta ou se externa na celebração de um acordo[12] formal ou não formal, típico ou atípico. A consequência é que esse **hipotético** acordo de vontades[13] passa a gerar

12 Convém observar que os contratos de consumo na contemporaneidade devem ser vistos sob as mais variadas possibilidades ditadas pelas múltiplas ferramentas de informação, tais como e-mails, mensagens eletrônicas partidas ou recebidas de unidades de computadores fixos ou móveis, como os telefones celulares, por exemplo.

13 Aqui se faz referência a acordo de vontades apenas no sentido jurídico-formal, pois, na realidade, os preceitos defendidos na análise do problema é o de que de fato não há vontade por parte do consumidor, pelo menos considerada esta como decorrência de liberdade e autogoverno.

força obrigacional, segundo, por exemplo, o que prevê o Código de Proteção e Defesa do Consumidor de 1990[14] (BRASIL, 1990).

Ora, mas a noção basilar da força obrigatória do contrato, em relação aos contratantes, sempre esteve fundada nas atitudes que convergiam para uma tomada de decisão por parte dos contratantes, os quais *livremente decidem* por contratar, *livremente constroem* o conteúdo do pacto e *livremente* a ele se submetem. No final das contas, desgarrando-se as partes do que por elas foi erigido, cumpre ao Estado-Juiz garantir a força e a realização prática do ideal projetado pelas partes, no espaço de suas autonomias privadas.

Nessa mesma direção está a visão de Cláudia Lima Marques, para quem "é a vontade que, na visão tradicional, legitima o contrato e fonte das obrigações, sendo a liberdade um pressuposto desta vontade criadora, uma exigência, [...], mais teórica do que prática" (MARQUES, 2011, p. 67).

Dessa forma, a conclusão a que se chega é a de que qualquer interpretação que se faça a respeito dos contratos de consumo, concluindo pela existência de força obrigatória, estará completamente fadada ao equívoco lógico: **as premissas não corresponderão à conclusão!**

Para melhor compreensão acerca do problema, oportuna a imersão em cada uma das *liberdades* indicadas nos tópicos seguintes.

3.2.1 Liberdade de contratar

Quando dois ou mais indivíduos decidem por celebrar um contrato visando, por exemplo, a constituir uma sociedade, é possível dizer que os mesmos agiram de acordo com a liberdade de contratar.

Noutro exemplo, quando determinada pessoa resolve comprar uma propriedade rural para nela desenvolver a atividade da pecuária ou da agricultura ou até mesmo do lazer, e, do outro lado, quando o seu proprietário decide colocá-la à venda e essas intenções se cruzam, então, nada mais claro, na hipótese, do que o exercício da *liberdade de contratar.*

Liberdade de contratar é, pois, a capacidade ou a possibilidade de decisão que determinado indivíduo tem de contratar ou não contratar. Além dos exemplos anteriores, há, de fato, diversas situações da vida civil em que

14 Art. 48. As declarações de vontade constantes de escritos particulares, recibos e pré-contratos relativos às relações de consumo vinculam o fornecedor, ensejando inclusive execução específica, nos termos do art. 84 e parágrafos.

ainda é possível o exercício de tal liberdade de contratar, como os contratos de mútuo, as aplicações financeiras, as locações, especialmente as comerciais, o arrendamento, entre tantos outros que ocorrem muito mais em face do proveito de oportunidades do que de necessidades.

Nesse primeiro bloco, tal como expõe Enzo Roppo, a liberdade de contratar está a serviço de um interesse ou de uma função econômica, motivo pelo qual o autor defende que "onde não há operação econômica, não pode haver também contrato" (ROPPO, 2009, p.11).

Por assim ser, é típica da atividade econômica de expressão predominantemente patrimonial e financeira a possibilidade de escolhas. Quando estas são postas em intenção de realização, há a liberdade de contratar.

Esse ritual de escolha, fundado nessa primeira etapa, que consiste na liberdade de contratar, compõe um dos elementos a que Antônio Junqueira de Azevedo classifica como *circunstâncias negociais,* que nada mais são do que "um *modelo cultural de atitude,* o qual, em dado momento, em determinada sociedade, faz com que certos atos sejam vistos como dirigidos à produção de efeitos jurídicos" (AZEVEDO, 2002, p. 122).

Por outro lado, ir ao supermercado comprar as provisões do mês, ou até mesmo, eventualmente, adquirir qualquer produto por alguma necessidade da vida urbana, comprar determinado medicamento em alguma farmácia, abastecer o carro em um posto de combustíveis, consumir das companhias públicas ou concessionárias de serviços públicos a energia elétrica, gás, água, o próprio transporte público ou mesmo os serviços de telecomunicações, tudo isso e muito mais, ao contrário dos exemplos anteriores, **não representam qualquer traço de liberdade de contratar.**

Qualquer uma dessas condutas exemplificadas, em sua maioria, contratos de compra e venda de produtos ou contratos de prestação de serviços, representam imperativos da vida urbana, ditados pelos padrões do capital e da indústria. Não há nisso qualquer evidência de liberdade de contratar.

Como enfaticamente aponta Zygmunt Bauman, "a lista de compras não tem fim. Porém, por mais longa que seja a lista, a opção de não ir às compras não figura nela. E a competência mais necessária em nosso mundo de fins ostensivamente infinitos é a de quem vai às compras hábil e infatigavelmente" (BAUMAN, 2001, p.88).

Na medida em que o ser humano se divorciou da natureza e de seu estado natural, foi perdendo gradativamente a capacidade de prover suas necessidades, especialmente quando se subordinou aos ditames da propriedade privada, já em fase bem adiantada da civilização humana.

Hoje a indústria faz as vezes de natureza provedora. É dela que são colhidos todos os frutos necessários à sobrevivência humana. A indústria capitalista, por exemplo, detém a propriedade das matérias primas da produção, e ainda do aparato científico e tecnológico necessário, como a propriedade das fórmulas e inventos. **Até mesmo a água, elemento que mais abunda na terra, está sob a propriedade da indústria**, seja na forma de titularidade de licenças de exploração, concedida pelo próprio Estado, ou na própria titularidade de domínios territoriais em que florescem minas ou repousam aquíferos.

Sob essa perspectiva, a indústria se convola em um elemento completamente dominador do sujeito consumidor. Não há, por corolário lógico, contrato de consumo que se pretenda fazer por liberdade. A força que impele tais contratos é a da necessidade!

Dentro de tal perspectiva, afirma Georges Ripert que

> Os atos da vida corrente são hoje passados na forma comercial. O contrato não é mais um acordo concluído após longa discussão com redação de escrito em duplo original. É a adesão a cláusulas determinadas com antecedência, impressas em fórmulas, a compra de um bilhete a preço fixo, a inscrição num registro (RIPERT, 1947, p.350).

Além disso, sob o império da mídia e das constantes provocações instigantes, excitantes, estimulantes, a que o consumidor está diariamente sujeito, seu agir é inconsciente. É o que revelam as conclusões da pesquisa antropológica realizada pelo Professor Everardo Guimarães Rocha, o qual, a propósito do tema, assim argumenta:

> O produto entra nas vidas projetadas pelo anúncio, funcionando como mágica. É improvável que o anúncio coloque algum problema, questão ou impasse que ele mesmo não possa resolver. É uma marca da cultura representada *dentro* da propaganda que os bens de consumo supram as necessidades na forma como elas são projetadas para serem supridas. Isto sem falar na legião de "necessidades abstratas" como amor, carinho, afeto, alegria e tantas mais que, de alguma forma, acabam também resolvidas ali dentro. Essa subprodução satisfaz (até ultrapassa como o Modo de Produção Doméstico) as necessidades definidas pela sociedade *dentro* da Comunicação de Massas para as próprias vidas ali projetadas (ROCHA, 1995, p.203).

Ao negar suas aptidões naturais, sujeitando-se às provocações da indústria, o consumidor contrata inconscientemente. Até mesmo quando se diz consciente em proceder a uma contratação, releva traços de uma *racionalidade automatizada*, não reflexiva, típica de quem não é livre, ou seja, não basta ao consumidor compreender o contrato para que se possa dizer acerca da existência de liberdade. Seria preciso que esse consumidor pudesse rejeitar a opção de contratar, o que não lhe é dado na contemporaneidade, pois, mais cedo ou mais tarde, a necessidade prevalecerá.

Martin Lindstrom, acerca da irracionalidade do comportamento do consumidor, afirma que,

> [...] gostando ou não, todos nós nos comportamos de maneira que não tem nenhuma explicação lógica ou simples. Isso tem acontecido como nunca em nosso mundo cheio de tecnologia e estresse, no qual notícias de ameaças terroristas, atritos políticos, incêndios, terremotos, enchentes, violência e vários outros desastres nos acometem desde o momento em que sintonizamos o jornal da manhã até a hora em que vamos dormir. Quanto maior é o estresse a que somos submetidos, maior é o medo, a insegurança e a dúvida que sentimos — e maior é a probabilidade de nos comportarmos irracionalmente (LINDSTROM, 2009, p.25).

Se os acontecimentos fenomenológicos dos atos de consumo, especialmente o ato de contratar, não derivam da liberdade e da autonomia, mas sim de imposições da própria vida em sociedade dominada pelo capital, pela produção, pelo trabalho e pelo consumo, não há como se projetar em tais atos, ditos contratos, qualquer traço de liberdade que os antecedem. A conclusão não é outra senão a de que, efetivamente, **não há liberdade de contratar nos contratos de consumo**.

3.2.2 Liberdade contratual

A liberdade contratual tem suas raízes na possibilidade de que os indivíduos possam construir o contrato, anteriormente decidido pela liberdade de contratar, estabelecendo, modificando, suprimindo, aumentando ou reduzindo seu conteúdo, por meio de cláusulas ou de qualquer outro mecanismo que possam externar a dimensão e as facetas das vontades das partes.

É possível estabelecer que liberdade de contratar vem a ser a mais importante das liberdades, porque, sem ela, não há razão de ser ou objetivo para a liberdade contratual. Mas, se a percepção acerca da liberdade de contratar, nos contratos de consumo, for a de que ela não existe, ante a mais completa ausência de volitividade do consumidor, a conclusão a que se pode chegar, acerca da liberdade contratual, nesses mesmos contratos de consumo, não é outra senão a da sua inexistência.

Se o sujeito consumerista não tem o poder de decidir se vai ou não vai contratar e, mesmo assim, contrata, por diversos imperativos alheios à vontade[15], tudo indica que igualmente não poderá decidir como serão os contornos do pacto. Essa realidade importa bastante para a análise da própria validade do contrato, pois, de acordo com o entendimento Junqueira de Azevedo,

> [...] ao lado dos negócios, cujo conteúdo é quase todo formado pelas partes, outros existem, cujo conteúdo resulta, parcial ou integralmente, de outras fontes. Até que ponto isso é lícito, quando essa outra fonte não é a lei (ou a autoridade com base na lei), é questão que interessa à validade do negócio, à liberdade do querer, ao requisito consistente em a declaração dever resultar da vontade livre (com a possibilidade de anulação, pelo fato de o ter sido feito sob coação e ainda, conforma as várias legislações, em estado de perigo, ou sob pressão econômica) (AZEVEDO, 2002, p. 135).

Observando-se a lógica da formação dos contratos, por meio do exercício das liberdades de contratar e da liberdade contratual, a doutrina privada qualifica o contrato como *fonte* de obrigações, conforme já traçado em linhas anteriores.

Orlando Gomes classifica, pois, os negócios jurídicos, e neles o contrato, como "a mais abundante fonte de obrigações". Dentro delas, situa o contrato como, "inquestionavelmente", a mais importante de todas (GOMES, 2007, p. 39).

Na construção das obrigações, as quais terminarão por estabelecer como deverão se comportar os contratantes, mediante prestações positivas ou negativas (fazer, não fazer, dar coisa certa, incerta etc.) é que as partes exercitam a liberdade contratual.

Enzo Roppo, sobre o tema, sustenta que "aquilo que livremente escolhem torna-se vínculo rigoroso dos seus comportamentos, e se violam a palavra

15 Parece uma redundância falar de *imperativos alheios à vontade*, na medida em que, se é imperativo, já se tem uma noção de imposição. E isso é contrário à ideia de vontade. Mas a redundância, nesse caso, serve ao propósito de realçar, frente a frente, os elementos antagônicos que dão razão à proposta de inexistência da liberdade contratual.

dada, respondem por isso, sujeitando-se a sanções. É o nexo liberdade contratual - responsabilidade contratual[...]"(ROPPO, 2009, p.128).

Sob a perspectiva do consumidor e das circunstâncias em que esse sujeito realiza suas contratações, não é possível se observar qualquer elemento conducente à existência de liberdade contratual. Em sentido contrário, o fenômeno dos contratos de consumo na contemporaneidade traz consigo o modelo de contrato em que *as cláusulas são previamente estipuladas pelo fornecedor*. **Não é que se trate de contrato de adesão, pois, mesmo nessa modalidade, deveria existir a liberdade de o aderente aceitar as cláusulas postas, o que não ocorre com o consumidor, uma vez que, além de não participar da elaboração das cláusulas, ainda não se vê em condição de *rejeitar* o contrato posto.**

Vale destacar a argumentação de Roberto Senise Lisboa, ao identificar, no terreno das questões de consumo, uma relação entre desiguais. Essa desigualdade contribui para que haja a sobreposição da vontade do mais forte sobre o mais fraco, no caso, o consumidor. Assim, não há paridade entre os contratantes, porque "contrato paritário é o negócio jurídico elaborado em plena igualdade de condições para que as partes possam estabelecer, em conjunto, o conteúdo da avença, após discussão a respeito" (LISBOA, 2012, p.361).

Em tais condições é impossível verificar qualquer viés democrático na construção do contrato. Conclusivamente, **a liberdade contratual** - consideradas as feições do sujeito consumidor, especialmente a dependência deste em relação ao fornecedor, enquanto provedor de suas necessidades -**é claramente inexistente nos contratos de consumo.**

3.2.3 O Código de Defesa do Consumidor e o fenômeno contratual de consumo

Para o Código de Defesa do Consumidor, os contratos de consumo operam efeitos jurídicos obrigacionais desde que seja dada ao consumidor a oportunidade de tomar conhecimento prévio acerca de seu conteúdo e de suas cláusulas, nos exatos termos da redação do seguinte artigo:

> Art. 46. Os contratos que regulam as relações de consumo não obrigarão os consumidores, se não lhes for dada a oportunidade de tomar conhecimento prévio de seu conteúdo, ou se os respectivos instrumentos forem redigidos de modo a dificultar a compreensão de seu sentido e alcance (BRASIL, 1990, *online*).

O contrato de consumo, pelo que prevê o próprio Código, passa a gerar força obrigacional a partir de um *ato meramente formal*, ou seja, a força obrigatória parte de uma ficção jurídica de que o consumidor deu seu consentimento, exercitou sua autonomia, tendo tido acesso ao conteúdo contratual, bem como desenvolveu a compreensão de seu conteúdo e implicações, quando, na verdade, contratou por necessidade e não por vontade livre.

Acerca de tal realidade, Rizzatto Nunes é enfático ao dizer que

> O conceito é clássico: liberdade é o oposto de necessidade. Nesta não se pode ser livre: ninguém tem ação livre para não comer, não beber, para voar etc. Aplicado o conceito à realidade social, o que se tem é o fato de que o objetivo constitucional da construção de uma sociedade livre significa que, sendo a situação real de necessidade, o Estado pode e deve intervir para garantir a dignidade humana (NUNES, 2012, p.67).

Na verdade, a prática demonstra que, independentemente de qualquer motivação relacionada aos aspectos de forma ou de substância do pacto, o consumidor dará seu *consentimento formal* aos termos do contrato, visando unicamente a alcançar uma *finalidade*, que é o *atendimento de suas necessidades.*

Aliás, o contrato de consumo se coloca entre o consumidor e a satisfação de suas necessidades. Por assim ser, **para ao consumidor, o contrato é apenas um rito de passagem e não uma construção da vontade.**

Por isso, considerando a realidade vivida nos contratos celebrados entre consumidores e fornecedores, o Código de Defesa do Consumidor, no tocante à sua previsão legislativa específica para o regime contratual, está completamente destoante.

Karl Larenz observa que a lei deve se encontrar em sintonia com o ambiente social sob sua tutela ou incidência. Portanto, para ele,

> É certo que a maioria das normas legais apresenta, em maior ou menor escala, um "sensor" que serve ao encaminhamento daquilo que é descrito por FIKENTSCHER como processo de "aproximação". O resultado deste processo é o concluir-se que a situação factual a julgar (ainda) se encontra (ou já se não encontra) adentro do "campo de detecção" da norma (o seu âmbito legal de aplicação) (LARENZ, 1997, p.201).

Na conjectura em análise, resta bastante evidente que o comando do Código de Defesa do Consumidor já não se encontra (se é que um dia esteve) em condição de guardar qualquer afinidade com os contornos reais, as circunstâncias, os motivos, as finalidades e os efeitos práticos dos contratos de consumo.

Uma hipótese de solução das mais óbvias possíveis, em caso tal, seria a modificação legislativa. Mas não tem o presente trabalho o objetivo de cultuar a lei em sentido formal, como panaceia para os desafios do Direito, especialmente sua meta final de justiça no campo dos contratos.

De outro lado, porém, não se prega aqui o desprezo à lei, porque ela é uma referência da ordem social, especialmente quando decorre de um processo democrático que a legitima (HABERMAS, 2012, p.313-314).

O que resulta dessa dicotomia é a conclusão de que as fontes e, no caso, o texto legal que trata da força obrigacional nos contratos no Código de Defesa do Consumidor, deve ser levado em conta sempre que puder realizar a justiça, dentro de um plano substancial e não apenas formal, como se contentaria o positivismo jurídico.

Logo, na medida em que a lei for tida por anacrônica, tida por não reflexiva da realidade social, ou tida por qualquer forma incapaz da realização da justiça, não pode ser tomada como fonte.

A solução para essa distorção pode ser encontrada na atividade jurisdicional, por meio de uma interpretação que leve em conta o fenômeno social dos contratos de consumo. A propósito de tal atividade interpretativa, vejamos o que diz Karl Larenz:

> Se o elemento da previsão da norma estiver suficientemente definido, tal ocorrerá por meio de subsunção lógica; a não ser assim, mediante a concretização, comparação de casos, ordenação a um tipo, ou esclarecimento da valoração legal ou do princípio subjacente, tendo em vista permanentemente o caso em questão (LARENZ, 1997, p.201).

Dessa maneira, a atuação interpretativa ganha espaço necessário na questão afeta aos contratos de consumo, máxime quando passou a caber ao Estado brasileiro a proteção do consumidor, nos termos do inciso XXXII, do artigo 5º, da Constituição Federal (BRASIL, 1988).

Portanto, não exclusivamente, mas, essencialmente, o papel atuante da jurisdição é colocado como alternativa à dependência do ordenamento legislativo, principalmente quando esta ordem legal se encontra degradada pela não correspondência ao *fato social* que pretende regular.

3.2.3.1 Crítica ao contrato de consumo como fonte de obrigação

Segundo Fernando Noronha, "a principal fonte de obrigações é, sem dúvida, o negócio jurídico, especialmente na sua modalidade mais importante, que é o contrato" (NORONHA, 2013, p. 427).

Tercio Sampaio Ferraz Junior anota que "a teoria das fontes, nas suas origens modernas, reporta-se à tomada de consciência de que o Direito não é essencialmente um *dado*, mas uma *construção* elaborada no interior da cultura humana" (FERRAZ JUNIOR, 1994, p.51).

Portanto, o acordo de vontades substantivado como contrato, enquanto produto da construção social, considerada a valorização que se deu ao exercício da liberdade das partes e ao poder de instituição de regras (contratuais), passou à categoria de fonte obrigacional. Como anota Paulo Lôbo, tradicionalmente, "[...]o contrato resulta da entrada no mundo jurídico da vontade acorde dos figurantes ou contratantes, com a irradiação dos efeitos próprios. Essencial é que cada um dos figurantes conheça a manifestação de vontade que o outro fez" (LÔBO, 2011 p.16).

A irradiação de efeitos, conforme aponta Paulo Lôbo, tem sentido de origem, lugar de onde parte algo. No campo das obrigações, seguindo a concepção liberalista, o negócio jurídico contratual é fonte de obrigações (LÔBO, 2011).

Caio Mário, por sua vez, observa a questão sob o seguinte ponto de vista:

> Quando, pois, nos referimos à lei como fonte, pretendemos mencionar aquelas a que o *reus debendi* é subordinado, independentemente de haver, neste sentido, feito uma declaração de vontade: são obrigações em que procede a lei, em conjugação com o fato humano, porém *fato humano não volitivo*. Quando, ao revés, falamos na vontade como fonte, e discorremos de obrigações que provêm da vontade, não queremos significar a soberania desta ou sua independência da ordem legal, senão que há obrigações, em que o vínculo jurídico busca mediatamente sua explicação na lei, nas quais, entretanto, a razão próxima, imediata ou direta é a *declaração de vontade*. Dizemos, pois, haver *duas fontes* para as obrigações. A primeira é a *vontade humana*, que as cria espontaneamente, por uma ação ou omissão oriunda do querer do agente, efetuado na conformidade do ordenamento jurídico. A segunda é a *lei*, que estabelece obrigação para o indivíduo, em face de comportamento seu, independentemente de manifestação volitiva (PEREIRA, 2003b, p. 28).

No modelo jurídico brasileiro, a compreensão acerca do contrato de consumo como fonte obrigacional seguiu, em regra, os mesmos caminhos dos contratos civis em geral, não tendo angariado nenhum tratamento diferenciado, inobstante a sua gênese revelar não se tratar de um ato decorrente da vontade.

O mais correto seria que a expressão contrato, no caso de contratos de consumo, fosse compreendida pela jurisdição como sinônimo de uma relação muito mais ampla e complexa do que uma escritura formal composta por cláusulas postas pelo fornecedor.

A questão a saber é se, mesmo diante da realidade dos contratos de consumo, no que toca à inexistência de vontade, seria ainda possível observar o contrato como irradiador, como fonte de obrigações.

A toda evidência, a resposta é negativa. Surge, então, outro questionamento: qual seria a maneira adequada de jurisdicionar os contratos de consumo, desconsiderando seu conteúdo enquanto fonte obrigacional?

O primeiro passo estaria no reconhecimento de que o Direito posto e suas fontes[16] não mais representam a realidade contemporânea, sendo apenas resquícios de um Estado liberal, cujas feições não guardam semelhanças com os dias atuais. A jurisdição, nesse sentido, tem de observar o mundo em sua volta. Não o mundo abstrato das fontes tradicionais do Direito, mas o mundo factual. Sobre isso, Carlos Maximiliano expõe que

> Transformaram-se as situações, interesses e negócios que teve o Código em mira regular. Surgem fenômenos imprevistos, espalham-se novas ideias, a técnica revela coisas cuja existência ninguém poderia presumir quando o texto foi elaborado. Nem por isso se deve censurar o legislar, nem reformar a sua obra. A letra permanece: apenas o sentido se adapta às mudanças que a evolução opera na vida social. O intérprete é o renovador inteligente e cauto, o Sociólogo do Direito. O seu trabalho rejuvenesce a fórmula prematuramente decrépita, e atua como elemento integrador e complementar da própria lei escrita. Esta é a estática, e a função interpretativa, a dinâmica do Direito (MAXIMILIANO, 2011, p.10).

Conforme propõe Carlos Maximiliano, é do julgador a tarefa de proporcionar o acontecimento do Direito, dentro de um contexto de dinamismo social. A sociedade idealizada pelo liberalismo não existe contemporaneamente, se é que um dia chegou a existir.

---

16 Inclusive os contratos considerados pela doutrina, pela jurisprudência e pela própria lei, como fontes de obrigações reconhecidas pela lei.

Portanto, ao julgador, na condição de executor[17] e de agente vivificador da jurisdição, é atribuída a tarefa de realizar o objetivo do Direito com uma visão mais pluralista do próprio Direito. Dessa forma, há um compromisso de se executar a jurisdição, não mais a partir de formulações pré-concebidas, mas, primordialmente, com atenção a uma tarefa de *criação do direito*, já que as fontes em matéria contratual de consumo não estão aptas a tanto.

Ressalte-se que a tarefa de *criar direitos* no âmbito das relações contratuais não implica afronta à separação dos poderes. Na verdade, a criação de direitos está circunscrita à formulação e à adoção de soluções jurídicas com atenção a cada caso e a cada particularidade do mundo contratual, experimentado por consumidores e fornecedores.

A propósito, argumenta Cássio Scarpinella Bueno:

> A função do juiz, já não há mais como esconder esta *realidade*, é uma atividade criativa. Não se espera mais do juiz, apenas e tão somente, que ele realize uma reflexão quase-que-lógica ou quase-que-matemática, sobre dadas premissas para concluir em um ou outro sentido, mas bem diferentemente, de aceitar, na formação das suas próprias premissas e na sua conclusão, elemento diferentes, diversos, não levados em conta na evolução e sistematização do pensamento do direito na primeira metade do século XIX, em especial na era das codificações (BUENO, 2010, p.97)

A tutela jurisdicional do consumidor, no âmbito de suas contratações, deve, pois, passar, necessariamente, pela análise do fenômeno social contemporâneo e pela abertura e pluralidade das fontes, inclusive dentro de um contexto argumentativo-discursivo, como sustentáculos das razões de decisão.

3.2.3.1.1 A inadequação do método positivista à tutela dos contratos de consumo

Romper com os regramentos ditados pelas fontes que consideram o contrato de consumo como fonte obrigacional é uma proposta que traz consigo enormes desafios, mas que devem ser enfrentados pela jurisdição. E o principal deles está ligado à necessidade de superação do positivismo, ainda tão forte na academia e nos tribunais. Como alerta Ronald Dworkin, sobre o positivismo,

17 Conforme está estruturada constitucionalmente a jurisdição brasileira, segundo a previsão do artigo 92, "São órgãos do Poder Judiciário: [...] III - os Tribunais Regionais Federais e Juízes Federais; [...] VII - os Tribunais e Juízes dos Estados e do Distrito Federal e Territórios" (BRASIL, 1988).

> Sua representação do direito como um sistema de regras tem exercido um domínio tenaz sobre nossa imaginação, talvez graças a sua própria simplicidade. Se nos livrarmos desse modelo de regras, poderemos ser capazes de construir um modelo mais fiel à complexidade e sofisticação de nossas próprias práticas (DWORKIN, 2010, p. 72).

O positivismo jurídico teve em Hans Kelsen a mais popular de suas expressões por meio da *Teoria Pura do Direito.* A lei estatal foi o baluarte da teoria pura, e a famigerada pureza estava em afastar todos os elementos estranhos ao Direito. Portanto, o Direito foi concebido como um *sistema fechado,* inflexível a qualquer contributo ou análise externa. Para a teoria pura do direito, as soluções encontravam-se dentro do sistema, daí porque ser chamado de sistema *autopoiético.*

Mas deve ser advertido de que a teoria pura não excluía a interpretação. Acontece que o ambiente em que tal interpretação ocorria era bastante limitado. Interessante ver em Kelsen sua proposta acerca da atividade interpretativa:

> Na medida em que, na aplicação da lei, para além da necessária fixação da moldura dentro da qual se tem de manter o ato a pôr, possa ter ainda lugar uma atividade cognoscitiva do órgão aplicado do Direito, não se tratará de um conhecimento do Direito positivo, mas e outras normas que, aqui, no processo da criação jurídica, podem ser a sua incidência: normas de Moral, normas de Justiça, juízos de valor sociais que costumamos designar expressões correntes como bem comum, interesse do Estado, progresso etc. Do ponto de vista do Direito positivo, nada se pode dizer sobre a sua validade e verificabilidade (KELSEN, 2009, p.393).

A *Teoria Pura*, ao reduzir o Direito ao contexto do Estado legislativo, o simplificou, especialmente por pretender evitar a pessoalização da atividade interpretativa.

Essa roupagem passou a exigir do aplicador[18] do Direito nenhum ou quase nenhum compromisso com a realidade, pelos menos do ponto de vista crítico-axiliológico. Isso porque a realidade ou os elementos a serem considerados para o ideal de justiça, para a teoria pura, já estariam contidos na lei válida. Logo,

> Um ato de conduta humana, porém, pode muito bem levar consigo uma autoexplicação jurídica, isto é, uma declaração sobre aquilo que juridicamente significa [...]. Assim, o conhecimento que se ocupa do Direito en-

18 A expressão 'aplicador' ao invés de 'intérprete' tem referência à ausência de qualquer conteúdo valorativo ou moral empregado na análise do caso concreto, o que se faz apenas mediante subsunção fato versus norma.

> contra já, no próprio material, uma autoexplicação jurídica que toma a dianteira sobre a explicação que ao acontecimento jurídico compete O fato externo que, de conformidade com o seu significado objetivo, constitui um ato jurídico (lícito ou ilícito), processando-se no espaço e no tempo, é, por si mesmo, um evento sensorialmente perceptível, uma parcela da natureza, determinada, como tal, pela lei da causalidade (KELSEN, 2009, p. 3-4).

Assim, em uma visão positivista, o contrato de consumo presente nos autos de uma demanda judicial revelará uma realidade delineada por suas cláusulas. É nessa realidade objetiva que a jurisdição se apoiará para a tarefa de subsunção, não obstante diga o contrário o mundo factual. Trata-se de uma distorção que promove e justifica injustiças, como bem observa Del Veccio, ao expressar que "Na história do direito positivo abundam, não só imperfeições técnicas, como também aberrações éticas, por vêzes muito graves: isto é, violações da justiça, que não deixam de ser tais pelo fato de se acobertarem sob a forma da legalidade" (DEL VECCIO, 1960, p.213).

A proposta positivista, especialmente se levada a efeito no universo das relações de consumo, que é tão complexa e dinâmica, é fadada ao fracasso. Por isso, Alysson Leandro Mascaro assevera que

> A teoria pura kelseniana não reflete o todo do direito, muito menos o todo do direito em relação à totalidade social. Por isso, enquanto técnica emasculada das contradições do direito e da realidade, consegue cativar o jurista positivista, sem crítica, aos acordes que, mínimos e formalistas tecnicamente, entoaram-se universalmente (MASCARO, 2013, p.356).

O positivismo jurídico pretendeu, acima de qualquer coisa, um Direito que pudesse atender aos anseios de controle, segurança e estabilidade sociais, dentro de um contexto de *neutralidade*. É inegável que tais anseios fazem parte de boas práticas jurídicas e são, por isso mesmo, de querência geral. Todavia, a objetividade estática da lei como centro e fonte das soluções jurídicas não tem se mostrado apta a reger as relações entre consumidores e fornecedores, entre outras coisas, pelo simples fato dessa relação estar desalinhada com os paradigmas liberais da liberdade, da igualdade e, portanto, da neutralidade estatal.

Nas palavras de Paulo Lôbo,

> Enquanto a sociedade se limitou a uma complexidade reduzida, a concepção de autonomia da vontade pôde ser uma explicação convincente. A Revolução industrial e a revolução da informática, o desenvolvimento tecnológico, a explosão demográfica, a urbanização dominante, forjando

> uma sociedade de massas, na qual a cidade é apenas um espaço territorial, levaram o contrato a um estado de crise. Mas essa crise não é do contrato e sim de um modelo de contrato, que não mais corresponde às necessidades da sociedade contemporânea (LÔBO, 2011, p.22).

Destarte, a cultura do positivismo, ainda presente por todos os lados em que se fala em Direito e em Direito regente da matéria contratual, deve ser objeto de uma guinada, que permita ao ordenamento jurídico, "sua flexibilidade e também sua capacidade de adaptação a situações novas ou complexas", como propõe Lucas Alvarenga Gontijo (GONTIJO, 2011, p.47).

Para Giorgio Del Vecchio,

> Todo sistema jurídico deve elaborar-se gradualmente, no sentido de fixar, quando possível, na fórmula da lei, as normas que o compõem, mas de tal fórma que exclusa uma excessiva rigidez, deixando, pelo contrário, no próprio seio das normas legislativas certo gráu de elasticidade que permita ao juiz o exercício de um prudente arbítrio, em harmonia com o desenvolvimento contínuo da vida social (DEL VECCHIO, 1952, p.109-110).

A crítica ao positivismo, com seu arquétipo clássico dos negócios jurídicos, não pretende apenas afastá-lo ou negá-lo, simplesmente. Como já delineado, a segurança e a estabilidade são elementos desejáveis para a tutela contratual do consumidor. Mas só isso não basta.

De outro lado, um rompimento total com o positivismo, enquanto sistema fundado na lei, terminaria por colocar em ruína aquilo que de mais interessante se alcançou na contemporaneidade em matéria legislativa, qual seja o próprio sistema de cláusulas gerais e, também, de cláusulas contratuais legais. Dentro desse contexto, Lucas Gontijo afirma que

> A teoria antipositivista apresentada não pretende chegar ao limite de um, por assim dizer, desconstrutivismo jurídico. Procura-se tão-somente flexibilizar a rigidez dos métodos de conhecimento e a aplicação do direito, a fim de trazer maior aproximação deste com as pelejas humanas. Busca-se, pois, particularizar a aplicação dos métodos jurídicos e mantê-los atentos às possíveis exigências peculiares de cada caso (GONTIJO, 2011, p. 129).

Portanto, no tocante à visão do contrato como fonte de obrigações, interessa a observação de Carlo Alberto Bittar, que vê a questão sob um prisma da realidade vivenciada pelos contratantes e do sistema jurídico a que estão submetidos[19]. Assim, para o autor, "as normas de contratos são emanadas de fontes distintas, que se conjugam ao sabor das forças que atuam em concreto, em cada caso" (BITTAR, 2006, p.3).

Nesse sentido, parece que o caminho mais adequado se encontra no meio-termo, na prudência ou na mediação entre os legados do positivismo e a busca dinâmica por soluções em uma pluralidade de fontes, princípios (hoje amplamente normatizados, inclusive constitucionalmente), valores, moral, em que a atividade interpretativa poderia se assentar também. Eis a alternativa *pós-positivista.*

3.2.3.1.2 A proposta pós-positivista

O problema da interpretação jurisdicional dos contratos de consumo está no rigor normativo acerca do que vem a ser contrato e de como ele se constitui e gera efeitos jurídicos.

A doutrina do negócio jurídico faz pressupor que o contrato tem em si a vontade declarada ou consentida no corpo de seu instrumento formal. O contrato alçado ao conhecimento da jurisdição é a própria *fatispécie* representativa "[...] daquele poder de autonomia, que é, acima de tudo, uma realidade da vida social, e encontra a sua legitimidade no reconhecimento jurídico" (BETTI, 1969, p.145).

No entanto, a realidade da vida social é para a teoria geral dos contratos um ambiente de autonomia, o que não se estende aos contratos de consumo. Por isso, é preciso ir além da *fatispécie* pré-determinada pelo Direito para se encontrar o real contorno das relações entre consumidores e fornecedores. Não raro, a resposta estará alojada fora do domínio jurídico-positivista e dentro dos conhecimentos da história, da sociologia, da antropologia, entre outras áreas em que a visão apurada do fato pode revelar a distorção da *fatispécie*, permitindo uma atuação sincera da jurisdição.

A proposta de abertura metodológica e interpretativa do positivismo é possível dentro do modelo pós-positivista. Segundo Margarida Maria Lacombe Camargo,

> O despertar do século XX dá ensejo a um movimento crítico, que questiona as reais contribuições da dogmática jurídica tradicional para a so-

19 No caso dos consumidores, pelo sistema de cláusulas gerais e pela necessidade de intervenção do Estado em prol de sua tutela.

> ciedade, ganhando força a sociologia. [...] No entanto, as correntes que veem a aplicação do direito como atividade criadora insurgem-se contra tal mecanismo, apresentando severas críticas ao positivismo kelseniano. Acredita-se que o direito existe concretamente e não de forma virtual, ou melhor, que ele vale à medida que é capaz de compor interesses, desconsiderando-se a sua força meramente potencial. O movimento crítico, que encerra o predomínio da dogmática jurídica tradicional, é denominado *pós-positivismo* (CAMARGO, 2003, p.135-136).

Realmente, as noções de Direito e de justiça não estão encerradas em uma plataforma que têm na lei e na sua aplicação (subsunção) seus únicos fundamentos. Visão contrária constitui a plataforma positivista. Lucas Gontijo defende, ao contrário dos estreitamentos formais do positivismo,

> [...]uma teoria de conhecimento e aplicação do direito que está em constante (re) construção, caso a caso. O direito não é a priori, parte da experiência, não só porque cada caso é único, mas porque só se interpreta o fato a partir de sua experimentação e não se interpreta norma senão frente a um caso específico (GONTIJO, 2011, p.118).

O autor tem toda razão: as complexidades da vida contemporânea exigem da jurisdição a pluralidade de fontes, quanto de possibilidades de compreensão dos fatos sob diversas perspectivas.

A lei já não encerra o conteúdo do Direito de forma singular e privilegiada. O Direito, na contemporaneidade, busca abertura e diálogo, tanto no aspecto de ser e de se conformar como sistema plural, quanto na discursividade como método de atuação que objetiva a realização da tutela contratual do consumidor.

Com adverte Carlos Maximiliano,

> Por mais hábeis que sejam os elaboradores de um Código, logo depois de promulgado surgem dificuldades e dúvidas sobre a aplicação de dispositivos bem redigidos. Uma centena de homens cultos experimentados seria incapaz de abranger em sua visão lúcida a infinidade variedade dos conflitos de interesses entre os homens. Não perdura o acordo estabelecido, entre o texto expresso e as realidades objetivas. Fixou-se o Direito Positivo: porém a vida continua, evolve, desdobra-se em atividades diversas, manifesta-se sob aspectos múltiplos: morais, sociais, econômicos (MAXIMILIANO, 2011, p. 10).

E a proposta pós-positivista pressupõe justamente o Direito positivo como uma referência importante, mas não exclusiva. O modelo ideal deve ser fundado no estudo da concretude de cada caso e de cada circunstância contratual experimentada pelo consumidor. Esse modelo é um construto que realmente atende aos preceitos de um movimento consumerista que, se não objetiva uma emancipação do consumidor, pela mais completa ausência de alternativas, **pelo menos buscará sua salvaguarda e a mitigação das consequências de sua vulnerabilidade.**

No entender de Marcelo Galuppo,

> Ao contrário do pensamento sistemático-axiomático, a argumentação jurídica, pela qual aplicamos o direito ao caso concreto, não se faz partindo do sistema, ou das normas, em direção ao caso concreto, mas do caso concreto em direção às normas adequadas (correção normativa) àquele caso. Essa posição caracteriza o pensamento problemático, que não exclui de seu método a ideia de sistema, mas que o concebe como fruto da reconstrução dialógica retrospectiva do ordenamento pelo intérprete e não como fruto de uma construção monológica prospectiva realizada pelo legislador (GALUPPO, 2003, p.175).

Outro aspecto a ser considerado no pós-positivismo é relevância da função principiológica, cuja missão serve de luminar para a aplicação do Direito. Os princípios em matéria de consumo poderiam exercer relevante papel. Entretanto, não raro, sucumbem ante a frieza da dogmática que está assentada na teoria clássica dos contratos. Segundo Paulo Bonavides,

> Todo discurso normativo tem que colocar, portanto, em seu raio de abrangência os princípios, aos quais as regras se vinculam. Os princípios espargem claridade sobre o entendimento de questões jurídicas, por mais complicadas que estas sejam no interior de um sistema de normas (BONAVIDADES, 2004, p. 259).

Para Larenz, "a investigação do Direito por parte do juiz tem de orientar-se pelos princípios jurídicos subjacentes à ordem jurídica" (LARENZ, 1997, p. 82-83).

A propósito, a Ordem Econômica prevista na Constituição Federal de 1988 estabelece claramente quais são as balizas para o sustento da atividade econômica, decorrente do exercício da liberdade de iniciativa comercial: eis os *princípios*. Apenas para exemplificar, já que o tema será abordado com maior ênfase noutro espaço deste trabalho, vale citar o da *dignidade da pessoa humana*[20], como princípio estruturante do próprio Estado, e o da *defesa do consumidor*[21], como contrapeso da livre iniciativa, todos previstos no rol do artigo 170 (BRASIL, 1988).

Bonavides, portanto, posiciona o movimento pós-positivista como sendo aquele

> [...]que corresponde aos grandes momentos constituintes das últimas décadas do século XX. As novas Constituições promulgadas acentuam a hegemonia axiológica dos princípios, convertidos em pedestal normativo sobre o qual assenta todo o edifício jurídico dos novos sistemas constitucionais (BONAVIDADES, 2004, p. 264).

Assim, os elementos morais, valorativos e sociais estão enredados no conjunto principiológico constitucional, sendo expressões de uma legitimação democrática. Dessa forma, por exemplo, ao atuar o intérprete na análise do conteúdo do contrato de consumo, certamente poderá e deverá promover suas devidas reduções, limitações ou até mesmo alargamentos à luz de um cotejo entre o conteúdo examinado e as bases da Ordem Econômica Constitucional e dos Direitos Fundamentais.

Com o pós-positivismo, outros horizontes se descortinam à disposição da jurisdição para a solução dos problemas e dos conflitos contemporâneos, tal como observa Albert Calsamiglia:

> La teoría positivista como teoría del derecho es incompleta porque necesita una teoría de la adjudicación que enfoque cómo deben razonar los tribunales con los materiales ofrecidos por las fuentes del derecho y por los otros materiales. Buena prueba de esta tesis es la escasa atención que ha prestado el positivismo jurídico a la interpretación, entendida como una teoría que pretende ofrecer criterios para resolver casos difíciles. Las razones que muchos positivistas tenían para enmudecer eran coherentes con su posición emotivista, pues los criterios para decidir en los casos difíciles exigen compromisos valorativos, y según su concepción de la ciencia no es posible prescribir porque el postulado de la separación entre el derecho y la moral no se lo permite. Ahora bien, el postpositivismo acepta que las fuentes del derecho no ofrecen respuesta

20 Art. 1º A República Federativa do Brasil, formada pela união indissolúvel dos Estados e Municípios e do Distrito Federal, constitui-se em Estado Democrático de Direito e tem como fundamentos: [...] III - a dignidade da pessoa humana;

21 Art. 170. A ordem econômica, fundada na valorização do trabalho humano e na livre iniciativa, tem por fim assegurar a todos existência digna, conforme os ditames da justiça social, observados os seguintes princípios: [...] V - defesa do consumidor;

> a muchos problemas y que se necesita conocimiento para resolver estos casos. Algunos son escépticos acerca de la posibilidad del conocimiento práctico, pero en líneas generales se podría afirmar que existe un esfuerzo por la búsqueda de instrumentos adecuados para resolver estos problemas (CALSAMIGLIA, 2005, p.212).

Se a partir da estratégia pós-positivista os princípios atuam como luminares para a atuação da jurisdição, e sendo o consumidor dignitário da *proteção* do Estado – e isso é um princípio –, a meta, então, será alcançada tanto quanto melhor e maior se puder concretizá-la.

É preciso conhecer para além da lei, conhecer o sujeito consumidor, suas agruras e motivações; e, de outro lado, conhecer o fornecedor, suas táticas e propensões, enfim, conhecer o fenômeno da sociedade de consumo em todo o seu calidoscópio de possibilidades. Tal conhecimento representa um caminho que deve ser percorrido pela jurisdição na contemporaneidade. Como anota em suas conclusões Ronaldo Porto Macedo Jr.,

> A teoria contratual clássica não deixou de ser coerente em si mesma. Apenas o mundo no qual ela insiste em sobreviver enquanto formulação ortodoxa a tornou insatisfatória e incoerente com a aquilo que a experiência jurídica contemporânea frequentemente reconhece significativamente como contrato (MACEDO JR., 1998. p. 70).

Portanto, dentro uma ótica pós-positivista, o contrato não se legitima como fonte de obrigação, porque, embora o Código de Defesa do Consumidor lhe tenha atribuído essa condição, a grande verdade é, em geral, que os consumidores não leram, não compreenderam, bem como não desenvolveram qualquer tipo de escolha. Os que eventualmente leram podem não ter compreendido, e os que leram e compreenderam – o que representa um contingente realmente minoritário – em nada podem aproveitar essa situação, já que contratarão do mesmo modo, de qualquer maneira, porque o imperativo da necessidade sempre prevalece.

Portanto, a utilização do método pós-positivista enquanto ferramenta destinada a repensar a força obrigatória do contrato de consumo, para que seja ela *mais vinculada ao atendimento das necessidades dos consumidores do que ao próprio instrumento contratual em si,* representa uma importante guinada para a jurisdição em sua missão de realizar a justiça.

3.2.3.1.3 Os contributos de "A obrigação como processo", de Clóvis do Couto e Silva, e da "Teoria das relações contratuais de fato", de Günter Haupt

Até aqui diversas críticas foram realizadas acerca dos contratos de consumo, especialmente sua condição de fonte obrigacional adotada pela doutrina e jurisprudência majoritárias.

Note-se que o ponto principal das críticas está na adoção da ideia de que o nascimento da obrigação, para o consumidor, é uma consequência da celebração de um contrato, bastando que se dê ao consumidor a oportunidade de tomar conhecimento prévio de seu conteúdo.

Na verdade, além de não ser um ato de autonomia, o que o situaria, caso fosse, dentro do âmbito dogmaticamente privado, o contrato de consumo representa uma passagem obrigatória para a consecução de um fim muito mais estatal do que privado. Basta observar que o atendimento das necessidades dos consumidores constitui uma Política Nacional, a teor do artigo 4º, do Código de Defesa do Consumidor (BRASIL, 1990).

Dentro dessa lógica, pensar o contrato de consumo como fonte de obrigação, pura e simplesmente, a partir do que informam suas cláusulas é um verdadeiro equívoco, já que, no cenário das relações de consumo, as bases do contrato não são necessariamente aquelas do negócio jurídico preconizado pelo Direito Civil. As declarações e as recepções formais da vontade, no âmbito dos contratos de consumo, representam uma vontade meramente fictícia, destinadas a atender um pressuposto jurídico objetivo de validade do contrato.

Estudando tal problema, Clóvis do Couto e Silva apresentou, no ano de 1964, à Faculdade de Direito da Universidade Federal do Rio Grande do Sul, uma tese intitulada de "A obrigação como processo".

Em uma lúcida análise das transformações sociais ocorridas na parte final do século XX, o autor alude ao flagelo da autonomia em matéria contratual:

> É manifesto, assim, que a autonomia da vontade e a teoria das fontes das obrigações, que com ele se vincula, se encontram em período de transformação e de reelaboração dogmática. De um lado, a intervenção estatal, os atos de planificação e os formativos de direitos privados e, de outro, a tipificação social, e sobretudo os atos jurídicos de caráter existencial, forçaram a revisão dos conceitos (SILVA, 2007, p.31).

Para o autor, "o 'processo' da obrigação liga-se diretamente com as fontes (como nascem os deveres) e como desenvolvimento do vínculo" (SILVA, 2007, p.64). O grande problema foi o de que as fontes, dentro do modelo positivista e dentro da visão civilista, que influenciou até mesmo o Direito contratual do consumidor, no Código de 1990, podem ser mais ou menos abrangentes e, via de regra, no terreno das relações de consumo, encontram no contrato formal a sua maior representação.

Mas, para Clóvis do Couto e Silva, "obrigação é um conceito finalístico; dirige-se, sempre, ao adimplemento ou à satisfação do interesse do credor" (SILVA, 2007, p.168).

Sob a perspectiva do consumidor, seu crédito está em ser abastecido por produtos e serviços de qualidade e a um preço justo (contraprestação e crédito do fornecedor). Aliás, o crédito do consumidor é mais do que um direito subjetivo, sendo, além disso, uma meta do Estado brasileiro, como pressuposto de efetivação da Dignidade da Pessoa Humana.

Essa relação que o próprio Código de Defesa do Consumidor considera como relação de *finalidade* (art. 2º, *caput*) obviamente não depende da vontade, sendo ditada por circunstâncias sociais da vida urbana na esteira dos mecanismos do capitalismo. Não é o contrato de consumo que faz nascer a relação entre o consumidor e o fornecedor, bem como essa ligação não se faz pelo império da vontade, mas pelo imperativo da produção, da necessidade e do consumo.

Postos, assim, consumidor e fornecedor, em uma relação de interdependência, frise-se, finalística, o que a sustenta, do ponto de vista jurídico-obrigacional, é justamente o esforço comum para o cumprimento das finalidades almejadas, dentro da Ordem Econômica, muito bem delineadas no próprio Código de Defesa do Consumidor, em seu artigo 4º, a saber:

> A Política Nacional das Relações de Consumo tem por objetivo o atendimento das necessidades dos consumidores, o respeito à sua dignidade, saúde e segurança, a proteção de seus interesses econômicos, a melhoria da sua qualidade de vida, bem como a transparência e harmonia das relações de consumo[...] (BRASIL, 1990, *online*).

Logo, a obrigação, em matéria de contratos de consumo somente pode ganhar proteção jurídica se e somente se estiver de acordo com as diretrizes especificadas para a relação de consumo, e não necessariamente de acordo com o que dispõe o contrato, o qual, geralmente, vem eivado por cláusulas predispostas ao benefício substancial do fornecedor, como bem adverte Sergio Cavalieri, quando afirma ser esta uma "[...] tendência natural, quase irresistível, daquele que tem o poder de estabelecer as regras" (CAVALIERI FILHO, 2011, p.156).

Portanto, a obrigação em matéria de consumo não nasce ou tem como fonte o contrato enquanto instrumento jurídico-formal ou não formal. Na verdade, a obrigação nasce, em matéria de consumo, do universo de acontecimentos conducentes ao atendimento das finalidades da relação jurídica. Segundo Clóvis do Couto e Silva,

> A principal transformação ocorrente na teoria das fontes é a existência de deveres resultantes da concreção do princípio da boa-fé.
>
> Da concreção desse princípio resultam novos deveres que não têm seu fundamento na autonomia da vontade. Implica, portanto, alterar o desenvolvimento, como tradicionalmente se entendia, do processo da obrigação. Visa-se mediante ao princípio da boa-fé, instaurar uma ordem de cooperação entre figurantes da relação jurídica.
>
> O princípio da boa-fé exige maior consideração aos participantes do vínculo, às necessidades e interesses, o que permite definir-se o fato jurídico *lato sensu*, como o fez o prof. Ruy Cirne Lima: "Fato jurídico não é, portanto, o contrato, de conclusão instantânea; mas os contratantes, o objeto do contrato, o contrato mesmo e a própria coletividade social, a que eles pertencem. O todo condicionará a relação jurídica que, graças a essa conjunção, virá a surgir e a perdurar (SILVA, 2007, p.169).

Levando tal entendimento para o terreno consumerista, a obrigação em matéria de consumo está assentada no binômio[22] que integra o direito de acesso dos consumidores aos bens e serviços necessários à vida contemporânea e o dever dos fornecedores em ofertar produtos e serviços de qualidade e a um preço justo. Paulo Lôbo descreve que

---

22 É o que ressoa da Política Nacional das Relações de Consumo, especialmente segundo dicção do inciso III, do artigo 4º, do Código de Defesa do Consumidor, senão vejamos: Art. 4º A Política Nacional das Relações de Consumo tem por objetivo o atendimento das necessidades dos consumidores, o respeito à sua dignidade, saúde e segurança, a proteção de seus interesses econômicos, a melhoria da sua qualidade de vida, bem como a transparência e harmonia das relações de consumo, atendidos os seguintes princípios:
[...]
III - harmonização dos interesses dos participantes das relações de consumo e compatibilização da proteção do consumidor com a necessidade de desenvolvimento econômico e tecnológico, de modo a viabilizar os princípios nos quais se funda a ordem econômica (art. 170, da Constituição Federal), sempre com base na boa-fé e equilíbrio nas relações entre consumidores e fornecedores;

> O princípio da equivalência material busca realizar e preservar o equilíbrio real de direitos e deveres no contrato, antes, durante e após sua execução, para harmonização dos interesses. Esse princípio preserva a equação e o justo equilíbrio contratual, seja para manter a proporcionalidade inicial dos direitos e obrigações, seja para corrigir os desequilíbrios supervenientes, pouco importante que as mudanças de circunstâncias possam ser previsíveis. O que interessa não é mais a exigência cega de cumprimento do contato, da forma como foi assinado ou celebrado, mas se sua execução não acarreta vantagem excessiva para uma das partes e desvantagem excessiva para outra, aferível objetivamente, segundo as regras da experiência ordinária e da razoabilidade (LÔBO, 2011, p. 70).

Tem-se que a relação de consumo, à luz do que até aqui foi trabalhado, é muito menos fundada no conteúdo do contrato e muito mais fundada no objetivo final da referida relação.

A relação de consumo, por sua vez, independe do contrato – tal como dogmaticamente conhecido –, assim como a obrigação também independe do contrato como fonte. Na verdade, a obrigação em matéria de consumo surge para o consumidor e para o fornecedor quando o objetivo do ato de consumo se realiza, dentro das premissas da Política Nacional de Relações de Consumo.

Dessa maneira, os contratos de consumo ocorrem aos milhões, sob diversas formas, alheias aos postulados do negócio jurídico, especialmente da autonomia e, até mesmo, da própria capacidade jurídica das partes, como é o caso dos relativa ou absolutamente incapazes.

O acontecimento dos contratos de consumo está muito mais relacionado a um comportamento social rotineiro, frenético e cíclico, do que propriamente a um construto do Direito, no caso, o contrato, enquanto negócio jurídico. **Vê-se, portanto, que o contrato no âmbito consumerista precisa ser redefinido para harmonizar-se com a realidade contemporânea**.

Nesse sentido, Karl Larenz, discorrendo sobre a obra[23] de Günter Haupt, opta por uma noção mais elástica acerca do conceito de contrato. Para ele,

> O termo "contrato" engloba tanto a causa de surgimento, a conclusão do contrato, quanto a relação jurídica por meio deste estabelecida, a relação contratual; querendo-se afastar esse duplo sentido, faz-se bem em evitar aqui também a expressão "relação contratual". Mas, caso se fale aqui tam-

23 Trata-se da obra **Über faktische Vertragsverhältnisse,** Verlag Theodor Weicher, Leipzig, 1941, referenciada no presente trabalho a partir da obra **Sui rapporti contrattuali di fatto**, ed. it. di G. Varanese, 2012.

> bém de "relações contratuais", então será necessário, futuramente, diferenciar entre relações contratuais fundadas em um contrato (ou seja, em um negócio jurídico) e aquelas que se baseiam em um correspondente comportamento social típico dos envolvidos. Poder-se-ia talvez, então, construir como conceito mais abrangente e comum aquele do "contrato em sentido amplo", que significaria tanto quanto "comportamento correspondente como fonte de uma relação de direito privado". Dentro desse conceito mais amplo, deveriam, então, ser diferenciados os verdadeiros contratos, os negócios jurídicos bilaterais, e o comportamento social típico como fonte de uma relação contratual. O futuro dirá qual uso linguístico será acolhido. Também não será aprofundada aqui a questão de saber se outros contratos, que até o momento se procurou construir como conclusões de contrato, não seriam melhor enquadrados com ajuda da categoria dos comportamentos sociais típicos; penso aqui na "compra" em máquinas automáticas e também nos casos de lojas de autoatendimento (*self-service).* Com o reconhecimento do comportamento social típico como causa obrigacional pelo BGH deve, de qualquer forma, ser introduzido um desenvolvimento capaz de permitir uma adequada apreciação de manifestações da moderna circulação de bens (LARENZ, 2006, p. 62).

Haupt, a nosso ver, tem toda razão ao afirmar que a relações contratuais podem surgir sem um acordo de vontades ou mesmo sem estarem localizadas dentro de um negócio jurídico. Em sua conferência Sui Rapporti Contrattuali di Fatto, diz Haupt:

> L'obiettivo di questo studio era cercare di dimostrare che non corrisponde alla realtà dei fatti ricondurre ogni rapporto contrattuale alla conclusione di un contratto perfezionata con l'emissione di dichiarazioni di volontà reciproche nell'accezione del codice civile. Infatti in talune circostanze, anche in assenza di un accordo negoziale efficace, conformemente a quanto avviene nella realtà possono sorgere dei rapporti contrattuali già con la realizzazione di uno stato di fatto sociale, che vincola in modo tipico gli interessati (HAUPT, 2012, p. 74).

Já dissemos neste trabalho que há fluxos de consumo ocorrendo a todo momento, nas lojas físicas e virtuais. A todo momento pessoas realizam contratos de compra e venda, objetivando os mais diversos produtos ou contratos de prestação dos mais diversos serviços.

O contrato está assentado muito menos na forma, muito menos nos postulados do negócio jurídico e muito mais no aspecto comportamental dos consumidores, que sempre tende ao alcance de um fim, ou seja, satisfação das necessidades da vida contemporânea.

É por isso que Haupt afirma que a relação contratual pode existir mesmo fora das feições clássicas do contrato, enquanto negócio jurídico, enquanto acordo de vontades. É preciso, como diz, uma redefinição jurídica da questão, de forma a reconhecer os comportamentos sociais típicos:

> Proprio la necessità, così frequente nella prassi, di integrare artificiosamente le circostanze di fatto affinché corrispondano all'immagine ideale di una stipula contrattuale, dovrebbe mostrare chiaramente che qui si è sviluppata una nuova situazione sociale che, indipendentemente dallo schema tradizionale di costituzione di un rapporto contrattuale, richiede un'appropriata disciplina concreta. Certamente il concetto di contratto deriva dal fatto che le parti si accordano. Ma il rapporto contrattuale che viene ad esistere come risultato della conclusione negoziale del contratto non è tuttavia esattamente identico alle dichiarazioni di volontà che sono lo strumento della sua costituzione. Invece, se si dà il caso, il rapporto contrattuale esplica i suoi effetti in modo completamente differente dalle idee e dalle intenzioni dei contraentila cui libertà di determinarne il contenuto è in ogni caso limitata oggettivamente. Per questo bisognerebbe porre l'accento, più che sul perfezionamento del negozio giuridico, sul fatto che si è realizzata una relazione giuridica, la quale – in base al suo significato sociale – si presenta come un rapporto di fornitura, locazione, trasporto o come un altro rapporto della vita di relazione da sottoporre alle regole del diritto contrattuale a seconda della sua tipologia (HAUPT, 2012, p. 74).

É nesse sentido que a atividade jurisdicional deve observar as questões contratuais de consumo postas ao seu crivo, especialmente desgarrando-se do contrato como fonte obrigacional, passando a pressupor a obrigação como fruto de diversos acontecimentos em um cenário mais amplo, sempre levando em conta o elemento finalístico da relação. A análise do contrato ensimesmado como fonte é deveras equivocada porque, quase sempre, o contrato é justamente o foco dos problemas e das injustiças que devem ser combatidas pela jurisdição.

Se o juiz observar os contratos de consumo a partir de uma subsunção entre o conteúdo de suas cláusulas e o ordenamento jurídico, muito provavelmente estará fazendo um julgamento baseado em premissas irreais.

Como disse Günter Haupt, "per questo si dovrebbe liberare il giudice dall'indegno ruolo di dover mistificare i fatti per poter decidere correttamente" (HAUPT, 2012, p. 49).

4

O PARADIGMA JURISDICIONAL DE TUTELA CONSUMERISTA

Tal como ocorreu com os negócios jurídicos, a atuação do Estado-Juiz durante todo o século XX, no que concerne aos conflitos decorrentes dos contratos celebrados pelos particulares, neles presentes os contratos de consumo, foi desenvolvida dentro da lógica liberal-positivista, ou seja, a partir da pressuposição de que os contratantes são iguais (princípio da igualdade formal) e livres (princípio da liberdade/autonomia). Na visão de Luiz Guilherme Marinoni,

> A igualdade, que não tomava em conta a vida real das pessoas, era vista como garantia da liberdade, isto é, da não discriminação das posições sociais, pouco importando se entre elas existissem gritantes distinções concretas. O Estado Liberal tinha preocupação com a defesa do cidadão contra eventuais agressões da autoridade estatal e não com as diferentes necessidades sociais (MARINONI,2008, p.29).

Essa ótica de atuação jurisdicional sempre foi caracteriza pela busca dos indivíduos à jurisdição e pela resposta jurisdicional, também voltada para o espectro individual.

Com o advento da Constituição Federal de 1988, embora o Estado tenha sinalizado para um compromisso social, o mecanismo instrumental de atuação da jurisdição nas questões contratuais, o processo civil, permaneceu programado substancialmente ao desiderato da tutela individual, com efeitos e repercussões individuais.

Ao lado do aspecto referente ao processo civil, a cultura jurídica do individualismo preconizado pelos ideais liberais positivistas influenciou e ainda influencia a jurisdição em matéria de jurisdição contratual.

Em obra interessantíssima[1], José Renato Nalini aborda a cultura jurídica predominante na jurisdição brasileira ao expor que

> O núcleo comum de todas as Escolas de Direito é um conjunto de pressupostos presentes no chamado paradigma liberal-legal e que Horácio Wanderlei Rodrigues enumera exemplificadamente: "a ideia de contrato social como fato político fundamental, que dá origem ao Estado e por meio do que se delega a ela uma série de direitos e deveres, que passa a controlar ou tutelar; b) a aceitação do sujeito de Direito, individual, livre e capaz de exercer autonomamente a sua vontade, como protagonista do pacto social e de todas as relações jurídicas; c) o Estado de Direito, oriundo dessa vontade livre, como realizador e garantidor da democracia, da justiça e da segurança; e d) o direito estatal como instrumento fundamental de gerência de todas as atividades, tanto públicas, quanto privadas". A constatação mais lógica é a de que a falência do paradigma de Estado é também a falência do Direito e vice-versa. Para Horário Wanderlei Rodrigues, "essa identidade entre Direito e Estado é reproduzida epistemologicamente pelo positivismo e está presente no senso comum teórico dos juristas no próprio imaginário social" (NALINI, 2008, p.21).

A jurisdição, forjada em tais bases, não obstante os novos ventos constitucionais e os brados da academia, continua substancialmente vinculada ao modo positivista de entender e, principalmente, de fazer acontecer o Direito. Dentro de tal contexto, Nalini afirma que

> A cultura formal e conservadora do juiz brasileiro transmitida por meio das gerações com fidelidade ao modelo coimbrão de um direito onipotente quanto à regulação de todas as facetas da vida e de uma justiça inerte agindo apenas quando provocada explica a dificuldade na aceitação de um projeto consistente de modernização institucional (NALINI, 2008, p.23).

Dessa forma, importa o estudo das principais características do problema jurisdicional, no tocante à cultura positivista, o que reclama uma abordagem do paradigma jurisdicional fundado no individualismo, da tensão entre o público e o privado, que se estabeleceu com a publicização da proteção ao consumidor e na jurisdição inerte, neutra e meramente reativa, como forma de atuação e entrega da prestação jurisdicional.

---

1 *A rebelião da toga*, descrita nas referências, é um verdadeiro diagnóstico da jurisdição brasileira, em vários aspectos, principalmente porque seu autor é juiz e, não obstante, corajosamente desnuda as mazelas de sua própria carreira da estrutura a que pertence.

4.1 Individualismo

A proteção do indivíduo, de sua liberdade e de seu patrimônio sempre foi a tônica do pensamento positivista que iluminou o Direito, especialmente no recente passado século XX. Certamente esse ideal foi absorvido pela jurisdição no que se refere à postura de decidir apenas com foco nos limites *subjetivos da lide*, e com a *neutralidade* quanto aos sujeitos tutelados.

Mesmo reconhecendo importância em tal concepção, o pensamento jurisdicional, todavia, deve ser reconstruído dentro do contexto da contemporaneidade, especialmente no que concerne à ótica do julgador em relação ao conflito que está sob seu crivo.

É que no caso das questões consumeristas dois elementos devem ser erguidos contra a tradição jurídica, quais sejam (1) o dever de proteção estatal e (2) a visão social do conflito, ainda que no âmbito de uma relação jurídico-processual individual.

Consequentemente, na tutela dos contratos de consumo, a jurisdição, amparada tanto no processo civil quanto na sentença dele decorrente, deve, para além de resolver a questão particular dos litigantes, manter atenção e foco constantes em suas repercussões no ambiente em que atua.

Mesmo nos conflitos individuais, a visão da jurisdição *para fora do processo* e, de consequência, para fora do exclusivo desiderato[2] das partes deve ser desenvolvida no escopo de que ela possa fazer face aos novos contornos e desafios da sociedade contemporânea. Aliás, vale a tal propósito trazer à colação o que dispõe o Código de Processo Civil de 2015:

> Art. 8º Ao aplicar o ordenamento jurídico, o juiz atenderá aos fins sociais e às exigências do bem comum, resguardando e promovendo a dignidade da pessoa humana e observando a proporcionalidade, a razoabilidade, a legalidade, a publicidade e a eficiência (BRASIL, 2015, *online*).

Destarte, os *fins sociais* inerentes às regras consumeristas são essencialmente os de *proteção e de promoção* do atendimento das necessidades dos consumidores, especialmente dentro do contexto de equivalência material.

Logo, significa dizer que a jurisdição deve observar o processo em que atua como uma oportunidade não apenas de disciplinar o conflito particular, mas,

2 Função social da decisão judicial.

também, de atuar de acordo com o programa jurídico adequado à questão, fazendo concretizá-lo. Tal afirmação também encontra respaldo na tão festejada busca pela efetividade[3] do processo civil.

Para tanto, o papel da jurisdição no desenvolvimento de sua meta social não está apenas em julgar conforme os rigores da lei, mas, principalmente, em uma sociedade tão complexa como a de consumo, em efetivamente criar soluções que a lei sequer ousou imaginar, posto ser da lei sua incompletude diante do fato social.

Conforme entende Humberto Theodoro Júnior,

> A obra criativa do aplicador da lei assume maior relevância pela circunstância evidente de que os costumes e aspirações sociais não são estáticos. Evoluem com o tempo e, assim, exigem do juiz a difícil tarefa de modernizar a norma, para compatibilizar seu objetivo histórico com o quadro sociocultural do momento de sua aplicação ao caso concreto (THEODORO JÚNIOR, 2016, p. 89).

Não se pretende, com tal raciocínio, romper com a lógica processual civil[4] de que os efeitos da sentença alcançam somente as pessoas que participam da relação processual, não prejudicando ou beneficiando os que do processo não participaram, enquanto partes. Destaca-se que parte dessa regra foi mantida no Código de Processo Civil de 2015, pois consta inovação que possibilita o benefício de terceiro[5].

No entanto, as relações de consumo representam não apenas ambição individual, mas interesse social declarado[6]. Logo, cada demanda levada à jurisdição representa um ícone e uma oportunidade de justiça social que projeta benefícios para além das partes e para além do próprio processo, tornando-se referência de conduta e até mesmo de julgamento.

---

3 Conforme artigo 6º, do Código de Processo Civil de 2015.

4 Art. 472. A sentença faz coisa julgada às partes entre as quais é dada, não beneficiando, nem prejudicando terceiros. Nas causas relativas ao estado de pessoa, se houverem sido citados no processo, em litisconsórcio necessário, todos os interessados, a sentença produz coisa julgada em relação a terceiros (BRASIL, 1973). Referência no novo Código: artigo 506. A sentença faz coisa julgada às partes entre as quais é dada, não prejudicando terceiros (BRASIL, 2015).

5 Cassio Scarpinella Bueno afirma que "trata-se de proposta que consagra, mesmo nos "processos individuais", o transporte *in utilibus* da coisa julgada" (BUENO, 2015, p. 337).

6 Segundo o artigo 1º Código de Defesa do Consumidor, sua natureza é o de uma norma "de ordem pública e interesse social" (BRASIL, 1990).

Quando a jurisdição tutelava o contrato privado do século XX, nela via subjetividade relacional, que já não existe mais nos ambientes contratuais de consumo. Oportuno, destarte, o entendimento de Cândido Rangel Dinamarco:

> [...] a ordem processual mostra-se ordinariamente mais lenta que a Constituição, na sua evolução gradual segundo a interpretação dinâmica (sociológica) dos textos. A causa mais aguda desse retardamento é o preconceito consistente em considerar o processo como mero instrumento técnico e o direito processual como ciência neutra em face das opções axiológicas do Estado. Essa neutralidade ideológica é, na realidade, sobrecapa de posturas ou intuitos conservadores. Disse-se até que ela "incorpora e perpetua o liberalismo do século XIX", o que talvez constitua um exagero, mas seguramente denuncia a sobrevivência de níveis intoleráveis de prevalência do princípio dispositivo, em pleno Estado intervencionista (DINAMARCO, 2009, p.39).

Portanto, a jurisdição tem a missão de bem operar a ferramenta processual como verdadeiro instrumento que possibilite a realização dos fins da tutela protetiva. Cada atuação jurisdicional no ambiente processual deve ser entendida como uma oportunidade de realizar a missão estatal prevista no artigo 5º, inciso XXXII[7], da Constituição Federal (BRASIL, 1988).

Assim, a jurisdição passa a funcionar não como estrutura burocrática a serviço de pretensões pontuais, mas como força estatal **que promove em cada demanda individual** os fins sociais da ordem jurídica, especialmente, aqueles previstos na Constituição.

Contemporaneamente, a jurisdição tem o papel de não apenas dirimir os conflitos nos limites subjetivos da lide, mas também, como assinala Dinamarco, "interferir na vida da própria sociedade e nas relações entre seus membros, em nome da chamada *paz social*" (DINAMARCO, 2009, p.187).

Em verdade, a tutela jurisdicional, com especialidade nas questões contratuais de consumo, se talhada dentro de uma visão individualista, promove o indesejado reducionismo do papel jurisdicional, justamente nessa quadra da história, em que o Estado-juiz tem sido tanto chamado à proteção do mais fraco e, ao lado dos demais Poderes, a construção de uma sociedade mais igualitária.

---

7 Art. 5º [...] XXXII - o Estado promoverá, na forma da lei, a defesa do consumidor;

4.2 A tensão entre o Direito Público e o Direito Privado

Discorrendo a respeito dos domínios público e privado, Hannah Arendt aponta que "nenhuma vida humana, nem mesmo a do eremita em meio à natureza selvagem, é possível sem um mundo que, direta ou indiretamente, testemunhe a presença de outros seres humanos" (ARENDT, 2013, p.26).

A "companhia natural, meramente social, da espécie humana era vista como uma limitação imposta a nós pelas necessidades da vida biológica, que são as mesmas para o animal humano e para outras formas de vida animal". Com o surgimento da cidade-Estado, a convivência humana passa a ter duas formas de existência, sendo uma privada e outra política. Dessa forma, além da vida privada, o ser humano passou a uma "segunda vida, o seu *bio politikos*" (ARENDT, 2013, p.28).

Enquanto a esfera privada sempre esteve ligada à família, a esfera pública vinculava-se à atividade política. Todavia, como aponta Tercio Sampaio, a construção histórica dos conceitos público e privado está relacionada na forma política do "Estado-nação" (ARENDT, 2013, p.33), senão vejamos:

> A homogeneidade da esfera pública só pode ser garantida, então, como um conjunto– a sociedade –que se opõe a outro conjunto de um só elemento o – indivíduo – que caracterizará a esfera privada. Como, porém, a esfera privada também é social, a diferença entre ambas exigirá um elemento caracterizador novo, capaz de conformar o que é público e o que é privado. Esse elemento novo é um artifício, um ente artificial, como os produtos do trabalho, do fazer humano: o Estado (FERRAZ JUNIOR, 1994, p.136).

Essa divisão de cenários passa a ter influência no Direito, especialmente, na relação do indivíduo com o Estado e dos indivíduos com outros indivíduos, sob a vigilância do Estado. Mas é preciso, antes, compreender que o Estado passa a exercer sua autoridade e sua soberania, em determinado passo da história, por meio da força e dos regimes absolutos. Em outro passo, pela lei (*jus imperii*), como expressão, pelo menos teórica, da vontade de toda a sociedade, de acordo com o que anota Paulo Bonavides,

> O Estado moderno resume basicamente o processo de despersonalização do poder, a saber, a passagem de um poder de pessoa a um poder de instituições, de poder imposto pela força a um poder fundado na aprovação do grupo, de um poder de fato, a um poder de direito (BONAVIDADES, 2012, p. 115).

Atentando-se ao segundo caso, o do *jus imperii,* a vertente pública e a privada vão se relacionar a partir de comandos jurídicos que serão aplicados considerando-se a natureza do *interesse* em questão. O apogeu dessa formatação ocorre com as aspirações de liberdades individuais iluministas, que viram no Estado, organizado pela lei, uma possibilidade de garantir segurança à propriedade e aos negócios que a ela serviam (e ainda servem), evitando os atos de arbítrio do próprio Estado e, também, dos indivíduos uns contra os outros.

No que se refere ao tema dos contratos, este tradicionalmente foi da alçada da esfera privada. Assim, a vontade das partes não poderia ser *invadida* pelo poder do público, fosse pela lei, ante ao princípio da segurança jurídica, fosse pela própria jurisdição, sob vedação desse mesmo princípio quando pregava cogência às regras contratuais (*pacta sunt servanda*). Nessa hipótese, tocava à jurisdição tão somente garantir o cumprimento da lei particular estabelecida pelos contratantes, já que o interesse em questão era privado, portando, afeto à tutela do Direito Privado.

No mesmo sentido, Claudia Lima Marques aborda que

> A filosofia do Estado liberal exigia uma separação quase absoluta entre Estado e a sociedade. Logo, aquele não poderia intervir nas relações obrigacionais dos particulares - ao contrário, deveria permitir a liberdade contratual como reflexo máximo da autonomia da vontade criadora do próprio Estado politicamente organizado (MARQUES, 2011, p.248).

O fato é que, na seara dos contratos de consumo, essa lógica ainda utilizada no Direito Privado tem relevante impacto se utilizada no terreno consumerista, na medida em que os conflitos decorrentes de tais negócios passam a receber tratamento eminentemente privatista, quando, na verdade, estão sujeitos a um conteúdo jurídico-publicista, já que a matéria consumerista é "[...]de ordem pública e de interesse social[...]", de acordo com o artigo 1º, do Código de Defesa do Consumidor (BRASIL,1990).

Não apenas no Código de Defesa do Consumidor, mas na própria Constituição Federal, em seu artigo 5º, inciso XXXII, o tema consumerista ganha *status* de Direito Fundamental. É justamente nessa guinada jurídica que reside uma incompreensão jurisdicional para com o enfrentamento do tema dos contratos, porque, não raro, é comum atribuir-se vedações à jurisdição da tutela consumerista com base na *disponibilidade* de direitos, ou seja, se o direito em litígio é de índole privada, patrimonial e disponível, à luz da dogmática civilista clássica, desconhece-se abertura para a interferência jurisdicional em tais casos.

Trata-se de um problema de origem mais cultural de influência liberal-positivista. Todavia, também é um problema de compreensão jurídico-conceitual, pois a tutela do consumidor, ao ser alçada à condição de meta estatal, com envergadura de Direito Fundamental, garantido constitucionalmente, passou a exigir da jurisdição uma função interventiva, partidária em prol do consumidor e da sua proteção, em todos os sentidos, desde o econômico, até os que transcendem a esfera da segurança patrimonial.

Dentro de tal ótica é que Pietro Perlingieri argumenta a respeito do interesse público pela tutela dos negócios particulares, sob diversas perspectivas e em diversas de suas fases. No seu entender, "a incidência mais imediata do interesse público sobre a negociação se realiza mediante o controle da licitude e de valor do negócio e, em particular, com a verificação da não contrariedade a normas imperativas, à ordem pública e ao bom costume" (PERLINGIERI, 2002, p.289).

Afinal, em tempos constitucionais e estabelecido o próprio Direito Privado dentro de um contexto cada vez mais social (função social da propriedade, do contrato, do trabalho etc.) acontece a miscigenação dos domínios jurídicos público e privado de tal forma que não se podem mais traçar linhas divisórias seguras entre ambos.

A divisão acadêmica que, por exemplo, situa o Direito Penal e o Direito Administrativo no campo das disciplinas afetas ao Direito Público, e o Direito Civil e do Consumidor no campo das disciplinas afetas ao Direito Privado, não indica mais algum sentido realmente útil, dado ao tronco constitucional comum a todas elas, bem como ao interesse do próprio Estado em atuar em todas as áreas alcançadas pelo estudo de tais disciplinas. Para Enneccerus, "[...] lo que la terоría separa conceptualmente, en la realidade se entrecruza (en las relaciones de la vida, en las leyes, en las intituciones jurídicas) de um modo intenso" (ENNECCERUS, 1953, p.133-134).

Todavia, o que tem ocorrido comumente é que, se a contenda alude a direito patrimonial disponível, o comportamento da jurisdição tende a ser meramente reativo. Como as questões de consumo no mais das vezes têm relação com bens e serviços, tem-se, equivocadamente que seu teor é patrimonial disponível.

No entanto, muitos aspectos típicos do universo público e do privado estão se comunicando por diversas razões, dentre as quais se destaca a desigualdade entre os particulares, em suas relações, inclusive as de natureza contratual.

"Por isso é que aparece com força cada vez maior a norma imperativa em direito privado, que se impõe aos particulares em assuntos sensíveis ao interesse público", o que oportuniza, por exemplo, "[...] na ordem privada [...], o incremento de regulação heterônoma de condutas com fundamentos na ordem pública" (LORENZETTI, 2010, p.39-40).

Noutro viés, de acordo com os apontamentos de Marcelo Schenk Duque,

> Um dos fundamentos da dogmática dos deveres de proteção estatais, que justamente toca o tema dessa investigação, é a proteção do particular no direito contratual e, em particular, a proteção do consumidor. O fato de o consumidor carecer de uma proteção diferenciada, e dessa proteção poder ser levada a efeito pelo instrumentário jurídico disponível, é algo que guarda consenso na doutrina. Todavia, controversa é a questão no que consiste na necessidade de proteção do consumidor. No modo em que são compreendidos, todos os direitos fundamentais geram um determinado dever de proteção, focando-se no pensamento de que o direito é justiça, que se sucede como regras de conduta vigentes. Assim, o simples fato de a proteção constitucional do consumidor não ser enquadrada na acepção de um típico direito de defesa, oponível contrato o Estado, não lhe retira, por si só, o caráter jurídico-fundamental (DUQUE, 2013, p. 349).

Portanto, a jurisdição deve libertar-se dos efeitos da divisão entre o Direito Público e o Direito Privado, passando a observar o fenômeno consumerista, especialmente os contratos dessa natureza, sob a perspectiva dos Direitos Fundamentais[8], como condição necessária para desincumbir-se de seu papel constitucional protetivo.

Correto é, todavia, que não seja mais o objeto econômico da discussão quem dite a tônica da atuação jurisdicional, mas, fundamentalmente, o sujeito[9] a ser tutelado e o sistema jurídico (microssistema de proteção e defesa do consumidor) que encampa a respectiva tutela.

---

8 Compreender as questões de consumo como ligadas à tutela dos Direitos Fundamentais impõe à jurisdição um papel interventivo no plano vertical (Estado x particular), bem como no plano horizontal (particular x particular).

9 Segundo Marcelo Duque, o Estado tem o dever de proteger a pessoa, numa clara alusão que faz à irradiação dos Direitos Fundamentais nas relações privadas, razão pela qual defende que "[...]as relações privadas não podem passar ao largo desse dever de proteção estatal. E no rol das relações que merecem cuidado especial do Estado, situam-se as de consumo[...]" (DUQUE, 2013, p. 381).

4.3 Jurisdição meramente reativa

Ainda com olhos postos na dicotomia público-privado, é da tradição processual civil brasileira uma jurisdição que, nos conflitos privados, é desenvolvida dentro de uma série de limites à sua própria atuação.

Classicamente a jurisdição somente pode atuar em razão dos pedidos formulados, não podendo responder a mais, muito menos fora das pretensões formalmente constantes na petição inicial. Logo, a jurisdição apenas *reage* a uma provocação, não tendo possibilidades de explorar o conflito para além do que foi promovido pelas próprias partes. Essa realidade é aqui tratada sob o signo de *jurisdição meramente reativa.*

O liberalismo, pretendendo a neutralidade (*imparcialidade* e *impessoalidade*), por diversas vezes já enumeradas nesta obra, tem no positivismo legalista o ambiente perfeito: é que o juiz, por meio da atividade de subsunção, observa o fato de maneira a enquadrá-lo, para efeito consequencial condenatório, permissivo, proibitivo, constitutivo, desconstitutivo, declaratório, enfim, rigorosamente segundo a descrição legal. Essa lógica atende aos comandos da *inércia*[10], da *demanda*[11]e da *adstrição* ou *congruência*[12], previstos no Código de Processo Civil de 1973, e altamente enraizados na cultura e na prática forense.

Convém ressaltar que, infelizmente, o Código de Processo Civil de 2015 manteve idêntica estrutura, conforme se pode observar da leitura dos artigos 2º[13], 143[14] e 492[15]. Foi perdida uma grande oportunidade de privilegiar a atuação mais liberta da jurisdição em matéria de consumo.

10 Art. 2 Nenhum juiz prestará a tutela jurisdicional senão quando a parte ou o interessado a requerer, nos casos e forma legais (BRASIL, 1973).

11 Art. 128. O juiz decidirá a lide nos limites em que foi proposta, sendo-lhe defeso conhecer de questões, não suscitadas, a cujo respeito à lei exige a iniciativa da parte (BRASIL, 1973).

12 Art. 460. É defeso ao juiz proferir sentença, a favor do autor, de natureza diversa da pedida, bem como condenar o réu em quantidade superior ou em objeto diverso do que lhe foi demandado (BRASIL, 1973).

13 Art. 2º O processo começa por iniciativa da parte e se desenvolve por impulso oficial, salvo as exceções previstas em lei (BRASIL, 2015).

14 Art. 141. O juiz decidirá o mérito nos limites propostos pelas partes, sendo-lhe vedado conhecer de questões não suscitadas a cujo respeito à lei exige iniciativa da parte (BRASIL, 2015).

15 Art. 492. É vedado ao juiz proferir decisão de natureza diversa da pedida, bem como condenar a parte em quantidade superior ou em objeto diverso do que lhe foi demandado (BRASIL, 2015).

Considerada tal realidade processual, como acomodar esses dogmas dentro do contexto de um Estado interventivo em que o juiz e, por decorrência lógica, a própria jurisdição, devem sim tomar parte em prol da tutela protetiva do consumidor?

Primeiro, é importante esclarecer que não há pretensão de sugerir uma atuação jurisdicional em que a parte não necessite deflagrar o andar da jurisdição com o início ou com o andamento do processo. Na verdade, o ideal é que, ao ser rompida a *inércia* jurisdicional, o Estado-Juiz passe a tomar parte do problema e, daí por diante, atue segundo o seu dever constitucional de realizar a tutela, especialmente a tutela dos contratos de consumo, objeto maior do presente estudo.

Certamente, romper com os postulados da vinculação do juiz aos limites da lide é condição *sine qua non* para que o Estado brasileiro consiga cumprir sua missão constitucional em prol do consumidor contratante e, de um modo geral, em prol da concretização da justiça no âmbito de toda a Ordem Econômica.

Cândido Rangel Dinamarco, a propósito das mudanças que necessitam de implementação no seio da jurisdição brasileira, aponta para uma forçosa renúncia aos dogmas, e, além disso, sugere uma postura para além do conforto que os postulados tradicionais do processo civil e da própria jurisdição sempre proporcionaram ao julgador:

> De minha parte, vou também dizendo que a solene promessa de oferecer tutela jurisdicional a quem tiver razão é ao mesmo tempo um princípio-síntese e o objetivo final, no universo dos princípios e garantias inerentes ao direito processual constitucional. Todos os demais princípios e garantias foram concebidos e atuam no sistema como meios coordenados entre si e destinados a oferecer um *processo justo*, que outra coisa não é senão o processo apto a produzir *resultados justos*. Que toda causa seja conduzida e decidida por um *juiz natural*; que o juiz seja imparcial e trate as partes e suas pretensões de modo isonômico; que todo processo seja realizado com a marca da publicidade; que os litigantes tenham amplas oportunidades de defesa de seus interesses conflitantes, [...]– esses são os modelos pelos quais, segundo a experiência multissecular, com mais probabilidade se poderá propiciar a quem tiver razão o efetivo acesso à justiça. É preciso, no entanto, não se ofuscar tanto com o brilho dos princípios nem ver na obcecada imposição de todos e cada um a chave mágica da justiça, ou do modo infalível de evitar injustiças. Nem a segurança jurídica, supostamente propiciada de modo absoluto por eles, é um valor tão elevado que legitime

> um fechar de olhos aos reclamos por um processo rápido, ágil e realmente capaz de eliminar conflitos, propiciando soluções válidas e invariavelmente úteis (DINAMARCO, 2003, p.12).

Tais observações contribuem para uma visão mais dinâmica da jurisdição, que passa a ser parte da solução e da própria *criação* de soluções para o caso concreto, não apenas analisando os estritos contornos da lide, mas vendo nela, em toda a sua dimensão subjetiva, uma oportunidade de construir a justiça contratual.

Conforme será esmiuçado em tópico próprio, impera a superação da jurisdição meramente reativa em prol de uma jurisdição que protagonize a tutela do consumidor contratante não apenas para um ou outro caso, mas visando a uma transformação social, porque não se pode negar que, sendo a jurisdição uma das expressões em que se manifesta o poder estatal, não há porque reduzir o seu papel aos formalismos processuais. **A jurisdição é também um mecanismo de promoção de todas as metas do Estado.** Nos dizeres de Cândido Rangel Dinamarco,

> À jurisdição costuma ser atribuída uma tríplice conceituação, dizendo-se habitualmente que ela é ao mesmo tempo um *poder*, uma *função* e uma *atividade*. Na realidade, ela não é *um poder*, mas o próprio poder estatal, que é uno, enquanto exercido com os objetivos do sistema processual; assim como a legislação é o poder estatal exercido para criar normas e a administração, para governar. Como *função* a jurisdição caracteriza-se pelos escopos que mediante seu exercício o Estado-juiz busca realizar – notadamente o escopo social de pacificar pessoas, eliminando litígios (DINAMARCO, 2009, p. 303).

Portanto, e considerando, fundamentalmente, que as questões relacionadas ao mundo consumerista constituem parte de um ideal público de proteção que precisa ser efetivado pelo Estado, não seria exagero dizer que a jurisdição deve desempenhar muito mais do que um papel meramente técnico-processual de solução de demandas. Ao invés disso, deve sim protagonizar um grandioso papel político, que parece não estar exercendo na plenitude, ante aos recalques semeados ao longo da cultura jurídica brasileira, de índole positivista-liberal, bem como de um processo civil limitador e disciplinarmente prejudicial para a defesa do consumidor.

4.4 O paradigma jurisdicional-protetivo em crise

A jurisdição deve promover uma guinada destinada a conciliar os mecanismos jurídicos com a realidade social do consumo e das contratações massificadas, sempre levando em conta a dominação de que padece o consumidor, em todos os quadrantes da relação contratual com o fornecedor.

Vejamos o que diz, sobre o tema, Lenio Streck:

> O que significa *pacta sunt servanda* em um conflito sociojurídico entre excluídos e excluídos (socialmente)? Nesse sentido, não é difícil ou temerário dizer que os paradoxos originários da sociedade repleta de conflitos e contradições acabam sendo, exatamente, diluídos no interior desse *corpus* denominado por Warat de *sentido comum teórico do saber jurídico*. Segundo Warat, o *sentido comum teórico* é instrumentalizado por uma racionalidade positivista, que atua como fetiche de sua razão cotidiana, além de atuar como mediadora dos conflitos sociais. Exatamente por isso, que os "operadores" (*sic*) do Direito trabalham em uma instância de julgamento e censura - uma espécie de "superego da cultura jurídica" -*que os impede de produzir decisões autônomas em relação a esse nível censor*. Não conseguem se dar conta do *fumus* ideológico que, de forma inexorável, está por detrás de cada interpretação da lei, de cada sentença, enfim, de cada discurso acerca do Direito. Assim, o jurista tradicional, inserido nesse *habitus*, não se dá conta dessa problemática. E o Judiciário e as instituições encarregadas de aplicar e administrar a justiça a ela não escapam. Tem o Judiciário (e o Direito), uma função social, nesse contexto? (STRECK, 2011, p.84).

Nesse sentido, Streck avalia que a situação de crise do paradigma jurisdicional está situada em três aspectos ("crises"), quais sejam as estruturais, ante a "deficiência de juízes", os de funcionalidade, pela "inadequação das leis, problema de acesso à justiça", e a "*crise individual*", que pode ser chamada de "crise de imaginário" (STRECK, 2011, p.84).

Em relação à última crise, expõe:

> Essa crise de imaginário é fortíssima, porque, de certo modo, faz uma amálgama das outras duas. Cada vez que a crise do Judiciário se agudiza -por meio da inefetividade, inacesso à justiça, lentidão da máquina etc. -, o *establishment* responde com soluções *ad hoc* do processo civil, a lei dos juizados especiais cíveis e criminais e o efeito (de poder) representado pelas súmulas vinculantes (STRECK, 2011, p.85).

Como visto, é de fato o ser humano por trás da jurisdição o principal ponto a ser trabalhado. A ação humana é que concretiza o sentido da tutela jurisdicional, mas essa ação humana de quem se espera mobilidade e capacidade de compreensão do fenômeno social dos contratos de consumo, em uma perspectiva dissociada do absolutismo formal, está completamente aculturada e moldada no *habitus dogmaticus* (STRECK, 2011, p.87).

A jurisdição se alimenta da lógica formal, porque nela estão todas as soluções *postas* para realidades também *postas*. Enquanto o contrato de consumo é visto como realidade que pressupõe um ato de vontade e de consequente vinculação obrigacional do consumidor, **a realidade diz o contrário**. Já não basta mais a subsunção (se é que um dia bastou). O paradigma jurisdicional está em crise e reclama mudanças substanciais, até mesmo em homenagem e respeito à lealdade constitucional.

É da Constituição que provém o comando para que o Estado, nele incluída a jurisdição, proteja o consumidor. É também da Constituição que provém o comando normativo para a existência do próprio Código de Defesa do Consumidor e do espírito de seu texto.

Portanto, como sustenta Conrad Hesse,

> Embora a Constituição não possa, por si só, realizar nada, ela pode impor tarefas. A Constituição transforma-se em força ativa se essas tarefas forem efetivamente realizadas, se existir a disposição de orientar a própria conduta segundo a ordem nela estabelecida, se, a despeito de todos os questionamentos e reservas provenientes dos juízos de conveniência, se puder identificar a vontade de concretizar essa ordem. Concluindo, pode-se afirmar que a Constituição converter-se-á em força ativa se fizeram-se presentes, na consciência geral – particularmente, na consciência dos principais responsáveis pela ordem constitucional –, não só a vontade do poder (WillezurMacht), mas também a vontade de Constituição (WillezurVerfassung) (HESSE, 1991, p. 19).

É preciso que a jurisdição, enquanto agente da "ordem constitucional", tal como afirma Hesse, cumpra com seu papel protetivo, tal como determina a Constituição, adotando mecanismos capazes de possibilitar o desenvolvimento de sua missão.

Destarte, a jurisdição, na visão desta obra, deve passar de aplicadora de soluções pré-concebidas a articuladora de soluções, que serão erguidas a partir do problema e de sua compreensão fenomenológica, pois não basta o Direito posto, os contratos e suas cláusulas, como regras de Direito privado e a atuação jurisdicional neutra, imparcial e inerte.

A crise pela qual passa a jurisdição, de acordo com Antônio Carlos Wolkmer,

> [...]condiz com as próprias contradições da cultura jurídica nacional, construída sobre uma racionalidade técnico-dogmática e calcada em procedimentos lógico-formais, e que, na retórica de sua "neutralidade", é incapaz de acompanhar o ritmo das transformações sociais e a especificidade cotidiana dos novos conflitos coletivos (WOLKMER, 2001, p.99).

A crise é, porém, um momento bastante oportuno para uma transição de métodos e para a construção de uma cultura jurisdicional consciente e atenta às vicissitudes da sociedade de consumo.

5
JURISDIÇÃO E TUTELA CONTRATUAL NA CONTEMPORANEIDADE

De acordo com o que considera Chaïm Perelman,

> O direito se desenvolve equilibrando uma dupla exigência, uma de ordem sistemática, a elaboração de uma ordem jurídica coerente, a outra, de ordem pragmática, a busca de soluções aceitáveis pelo meio, porque conforme ao que lhe parece justo e razoável (PERELMAN, 1998, p.238).

A ordem sistemática a que se refere Perelman pode ser entendida, no caso do Brasil, como um Estado *Democrático de Direito*, cuja matriz jurídica está assentada no princípio da legalidade, tanto que "ninguém será obrigado a fazer ou deixar de fazer alguma coisa senão em virtude de lei" (BRASIL, 1988).

Dentro dessa matriz jurídica, é possível verificar, a propósito das questões de consumo, uma inclinação para a tutela do consumidor e para a regulação do mercado capitalista. Logo, o Estado é obreiro da tarefa tutelar, constitucionalmente ambicionada.

Ainda imerso no cenário estrutural do Direito, a que Perelman chama de ordem jurídica, deve ser considerada a existência, por mandamento constitucional, do Código que se destina à proteção do consumidor. Esse Código anuncia diretrizes jurisdicionais de tutela e também contempla uma abertura jurídica[1]em que a jurisdição pode encontrar elementos para viabilizar a consecução de suas metas. Trata-se do *diálogo de fontes*.

---

1 Art. 7º Os direitos previstos neste código não excluem outros decorrentes de tratados ou convenções internacionais de que o Brasil seja signatário, da legislação interna ordinária, de regulamentos expedidos pelas autoridades administrativas competentes, bem como dos que derivem dos princípios gerais do direito, analogia, costumes e equidade (BRASIL, 1990).

Claudia Lima Marques, nessa linha, argumenta que,

> Aceite-se ou não a pós-modernidade, a verdade é que, na sociedade complexa atual, com a descodificação, a tópica e a micro recodificação (como a do CDC) trazendo uma forte pluralidade de leis ou fontes, a doutrina atualizada está à procura de uma harmonia ou coordenação entre estas diversas normas do ordenamento jurídico (concebido como sistema). É a denominada "coerência derivada ou restaurada" ("*cohérence dérivée ou restaurée*"), que procura uma eficiência não só hierárquica, mas funcional do sistema plural e complexo de nosso direito contemporâneo (MARQUES, 2004, p.43).

Assim, é possível compreender que tanto a ordem jurídica quanto a ordem pragmática indicadas por Perelman se aproximam com o exercício jurisdicional fundado no pluralismo oportunizado pelo diálogo das fontes, na linha do que pensa Cláudia Lima Marques, ao tratar da procura doutrinária por um modelo de eficiência funcional.

A importância pragmática da jurisdição não está em simplesmente julgar processos segundo a ordem jurídica, mas, principalmente, **julgar processos segundo a ordem jurídica, tendo por escopo a proteção e a melhoria da sociedade, a partir da compreensão do fenômeno social**. Por essa razão é que Perelman rejeita o positivismo e propõe uma postura mais dinâmica e comunicativa da jurisdição a partir do conhecimento do ambiente em que sua atuação se dará:

> Como o direito tem uma função social para cumprir, não pode ser concebido, de modo realista, sem referência à sociedade que deve reger. É porque o direito, em todas as suas manifestações, insere-se no meio social, que a sociologia do direito adquire, em nossa concepção do direito, uma importância crescente. Em uma sociedade democrática, é impossível manter a visão positivista do direito, segundo a qual este seria apenas a expressão arbitrária da vontade do soberano. Pois o direito, para funcionar eficazmente, deve ser aceito e não só imposto por coação. Esta visão do direito, e do lugar que ocupa na sociedade, é indissociável de uma concepção do papel do Estado e das relações estabelecidas e desejáveis entre o poder e aqueles sobre os quais se exerce. Se nem todos os poderes emanam de Deus, mas da nação, é a esta que devem presta contas os que o exercem em seu nome (PERELMAN, 1998, p.241).

É plenamente possível afirmar que a jurisdição não apenas deve exercer uma função formal diante dos casos que venham a surgir, a partir dos conflitos contratuais entre consumidores e fornecedores, mas, primordialmente, uma função finalista que a reposiciona factualmente como coparticipante de realização das metas estatais, incluídas entre elas a proteção do consumidor e, porque não, a construção de uma sociedade de consumo e fornecimento justa.

5.1 Superação da jurisdição meramente reativa

Nos contratos de consumo, a jurisdição deve proceder de forma a realizar a meta de tutela contratual, objetivando alcançar na prática a justiça material (relação entre a prestação recebida - produtos e serviços - com o preço pago), que não interessa apenas aos contratantes, enquanto partes do processo, mas a toda a sociedade e ao próprio Estado-Juiz.

Portanto, é importante sempre ressaltar que a jurisdição deve abandonar o papel de neutralidade, para intervir não apenas reagindo, mas, para bem além disso, protagonizando modificações importantes no cenário econômico, o que pode acontecer tanto nas demandas individuais quanto nas coletivas.

Não importa em qual ambiente processual e qual tipo de procedimento está sendo seguido no caso concreto. Independentemente de tecnicismos processuais, o alvo da jurisdição deve ser mais abrangente do que o próprio objeto material do processo, que é determinado pelos pedidos. Trata-se de verdadeira *função social do processo* ou da própria jurisdição. Nas palavras de Rui Portanova, "hoje o processo não deve servir a uma efetividade individualista, mas a uma efetividade social. Isso deve dominar em todo o processo tal como um princípio informativo" (PORTANOVA, 2001, p.53).

A tutela jurisdicional dos contratos de consumo, especialmente realizada nas demandas individuais, em que ainda impera o reducionismo de suas possibilidades de atuação, deve partir da compreensão de que o conflito individual não é um acontecimento isolado e casual na vida dos contratantes e partes do processo. Ao contrário, o conflito individual deve ser sempre observado como uma parte, um fragmento de um todo, que é o mercado de fornecimento e consumo, a quem o Estado brasileiro e a própria jurisdição se obrigaram a intervir, especialmente, em prol do mais fragilizado, o consumidor.

Essa visão decorre do entendimento a respeito do qual

> O contrato atual não é um assunto individual, mas que "tem passado a ser uma instituição social que não afeta somente os interesses dos contratan-

tes. À sociedade, representada pelo Estado e outras entidades soberanas, atribui-se o controle de uma parte essencial do Direito Contratual" (LORENZETTI, 1998, p.541).

Destarte, não há argumentos aceitáveis capazes de afastar ou reduzir a jurisdição de cumprir o seu papel social, político e também, por sua própria natureza, seu papel jurídico, na defesa do consumidor e da sociedade[2] de consumidores. Nesse sentido é que Luís Roberto Barroso analisa o papel jurisdicional de forma mais abrangente:

> De acordo com o conhecimento tradicional, magistrados não têm vontade política própria. Ao aplicarem a Constituição e as leis, estão concretizando decisões que foram tomadas pelo constituinte ou pelo legislador, isto é, pelos representantes do povo. Essa afirmação, que reverencia a lógica da separação de Poderes, deve ser aceita com temperamentos, tendo em vista que juízes e tribunais não desempenham uma atividade puramente mecânica. Na medida em que lhes cabe atribuir sentido a expressões vagas, fluidas e indeterminadas, como dignidade da pessoa humana, direito de privacidade ou boa-fé objetiva, tornam-se, em muitas situações, coparticipantes do processo de criação do Direito (BARROSO, 2009, p.8).

De fato, não há dúvidas de que as possibilidades de atuação formal e material de quaisquer dos Poderes não são absolutas. Entretanto, a Constituição Federal não afastou a jurisdição da missão de protagonizar, juntamente com os demais Poderes e dentro das possibilidades operacionais de atuação de cada um – no caso da jurisdição o *due process of law*–a proteção do consumidor e, de um modo geral, a construção de uma Ordem Econômica justa.

A separação dos Poderes é fundamentalmente uma divisão de funções dentro do Estado. Não se pode olvidar quer a defesa do consumidor é função do Estado, como um todo. Inexiste na Constituição qualquer mandamento que retire do Poder Judiciário a tarefa promocional de proteção e tutela do consumidor. Imaginar a separação dos Poderes como forma de restringir a autuação da jurisdição é um resquício do Estado liberal, não compatível como ideal do Estado brasileiro de promover mudanças na sociedade, inclusive a de consumo.

---

2 O termo aqui representa a qualidade de consumidores que toda pessoa ostenta. Daí dizer acerca de uma sociedade de consumidores e de um interesse social na tutela das questões que lhes são afetas, a exemplo dos contratos entre consumidores e fornecedores.

Assim, para Habermas," [...]o esquema clássico de divisão dos poderes perde sua atualidade, à medida que as leis deixam de ser vistas como programas condicionais, assumindo a forma de programas finalísticos" (HABERMAS, 2012, p. 232).

No caso da tutela do consumidor, analisada sob uma perspectiva do texto legal de inspiração constitucional, é possível constatar que está estabelecido em um sistema que almeja não apenas a proteção do consumidor propriamente dito, mas, também, conforme o artigo 4º do Código de Defesa do Consumidor, o alcance de uma finalidade maior, que é "[...] o atendimento das necessidades dos consumidores, o respeito à sua dignidade, saúde e segurança, a proteção de seus interesses econômicos, a melhoria da sua qualidade de vida, bem como a transparência e harmonia das relações de consumo[...]" (BRASIL, 1990, *online*).

Ainda dentro da perspectiva da lei, convém destacar que o Código de Defesa do Consumidor não distingue a quem tocará a promoção e a realização das finalidades anteriormente descritas. Apenas diz, na alínea "c", inciso II, do artigo 4º, que entre vários princípios a serem levados em consideração, um deles é a "ação governamental no sentido de proteger efetivamente o consumidor", o que se fará "pela presença do Estado no mercado de consumo" (BRASIL, 1990).

Obviamente, a noção de Estado tratada no texto legal é ampla e não excludente. Pelo contrário! Inclui a jurisdição, induvidosamente, como agente promocional da defesa do consumidor.

De acordo com Habermas, a inclusão da jurisdição como agente promocional dos fins constitucionais está inserida em um modelo fundado em abertura de possibilidades e métodos de realização do Direito, fazendo com que, ao invés de negar e rejeitar modelos - como todos aqueles que não sejam positivistas -, tenta integrá-los:

> A tensão entre princípios normativistas, que correm o risco de perder o contato com a realidade social, e princípios objetivistas, que deixam fora de foco qualquer aspecto normativo, pode ser entendida como admoestação para não nos fixarmos numa única orientação disciplinar e, sim, nos mantermos abertos a diferentes posições metódicas (participante *versus* observador), a diferentes finalidades teóricas (explicação hermenêutica do sentido e análise conceitual *versus* descrição e explicação empírica), a diferentes perspectivas de papéis (o do juiz, do político, do legislador, do cliente e do

cidadão) e a variados enfoques pragmáticos na pesquisa (hermenêuticos, críticos, analíticos etc.) (HABERMAS, 2012, p. 23).

Na linha da proposta de Habermas, a reflexão sob diversos prismas e as propostas que visam a delinear o papel da jurisdição consumerista serão desenvolvidas no contexto de pluralidade e diálogo entre diversos modos de pensar e fazer, especialmente considerando o fato de que a atuação jurisdicional, no campo da proteção do consumidor, está situada dentro do contexto de uma legitimação constitucional.

5.1.1 Ativismo judicial

O *ativismo judicial* tem ocupado a pauta dos debates jurídicos. O tema suscita todas as formas de opinião que vão desde aquelas tendentes a observá-lo como uma porta que se abre à burla da separação dos poderes, como aquelas que o defendem por considerá-lo vital para uma atuação mais participativa do judiciário na sociedade.

Sem, por enquanto, tecer qualquer juízo de valor, a compreensão preliminar acerca do que vem a ser ativismo judicial mostra-se adequada. De acordo com Elival da Silva Ramos, para analisar o fenômeno do ativismo, é preciso uma análise do sistema jurídico em que ele está inserido. Para o autor, no sistema do *common law*, a decisão judicial ocupa papel de fonte do direito, enquanto que no modelo romano-germânico – como é o caso do Brasil –, a decisão judicial está limitada ao espaço de atuação do juiz definido pela lei (RAMOS, 2015, p. 106-107).

Com olhos postos no sistema jurídico brasileiro, a decisão judicial não ocupa o *status* de fonte formal do direito (NADER, 2013, p.143). Nisso reside grande parte da questão relativa ao ativismo, na medida em que a fonte principal do direito – a lei – parte do Poder Legislativo. Sendo assim, o juiz – dito ativista –, na construção da decisão judicial, somente pode utilizar elementos derivados das fontes formais. Do contrário, pratica arbitrariedade na medida em que viola o preceito de separação dos poderes.

De outro lado, no entanto, no *common law*, o ativismo, assim caracterizado por muitos como exercício arbitrário, por parte do juiz, dos poderes inerentes ao legislativo, não é tão sentido, haja vista o papel de fonte que a decisão judicial exerce, até porque, "[...] existe na família originária do direito anglo-saxônico uma proximidade bem maior entre a atuação do juiz e a do legislador no que tange à produção de normas jurídicas" (RAMOS, 2015, p. 109-110).

É possível estabelecer, em linhas gerais, naquilo que concerne à atividade de criação do direito, que no sistema romano-germânico o juiz está limitado ao que o direito posto lhe dita. Dentro desse sistema, o ativismo seria uma atuação mais ousada do juiz, para além dos limites impostos pela lei.

Impõe-se analisar conceitualmente que o contrário do ativismo é o *passivismo* judicial, caracterizado pela inércia e pela neutralidade do juiz, fenômeno que pode ser altamente danoso à justiça quando a lei apresenta-se eivada de incompletudes, insuficiências, anacronismos, não correlação com o fato social, como é o caso de grande parte do volume de leis que regem as relações contratuais de consumo.

Pois bem, passivismo e o ativismo constituem posições extremadas e danosas ao Estado Democrático de Direito ou é possível e até recomendável, em certos casos, a adoção de uma ou outra postura, ou, quiçá, de um hibridismo entre elas?

Talvez o passivismo venha a ser interessante diante de um conflito entre iguais, na medida em que preservaria o equilíbrio de forças a partir da neutralidade e da aplicação igualitária da lei. Entretanto, quem sabe, diante de relações complexas, dinâmicas, não passíveis de serem solucionadas pelo generalismo da lei, e fundamentalmente havidas entre sujeitos desiguais, em que se faça imperiosa a tutela do mais fraco, o ativismo venha a ser a melhor alternativa, especialmente para o desenvolvimento da tutela do consumidor, que é uma meta constitucional a cargo do Estado brasileiro, englobando todos os seus Poderes, inclusive o Judiciário.

Nesse propósito, Luís Roberto Barroso apresenta uma descrição sobre ativismo que retrata a concepção adotada na presente obra:

> A ideia de ativismo judicial está associada a uma participação mais ampla e intensa do Judiciário na concretização dos valores e fins constitucionais, com maior interferência no espaço de atuação dos outros dois Poderes. A postura ativista se manifesta por meio de diferentes condutas, que incluem: (i) a aplicação direta da Constituição a situações não expressamente contempladas em seu texto e independentemente de manifestação do legislador ordinário; (ii) a declaração de inconstitucionalidade de atos normativos emanados do legislador, com base em critérios menos rígidos que os de patente e ostensiva violação da Constituição; (iii) a imposição de condutas

> ou de abstenções ao poder público, notadamente em matéria de políticas públicas (BARROSO, 2009, p.5).

O próprio Barroso, no entanto, impõe limites para que o ativismo judicial, ao avesso de solução, não se torne um problema:

> [...]o ativismo judicial, até aqui, tem sido parte da solução, e não do problema. Mas ele é um antibiótico poderoso, cujo uso deve ser eventual e controlado. Em dose excessiva, há risco de se morrer da cura. A expansão do Judiciário não deve desviar a atenção da real disfunção que aflige a democracia brasileira: a crise de representatividade, legitimidade e funcionalidade do Poder Legislativo. Precisamos de reforma política. E essa não pode ser feita por juízes (BARROSO, 2009, p.14).

Já de acordo com a compreensão de Maria Cecília Máximo Teodoro, o ativismo judicial é traçado na conformidade dos seguintes contornos:

> Por ativismo entende-se a atuação de um juiz que incorpora as vicissitudes do meio social, as conquistas das classes envolvidas, a própria evolução do Poder Judiciário e tem, por fim, a realização dos direitos fundamentais. [...] Pelo ativismo judicial o magistrado se mostra um protagonista e sua decisão cria a norma adequada para o caso concreto (TEODORO, 2011, p.150).

A exemplo de Barroso, a autora adverte que:

> De fato, o ativismo judicial engendrado por um juiz sem formação e ética e desvinculado dos valores da justiça social e democracia pode usar desse instrumento moderno para extrapolar seu poder. O ativismo judicial no jogo político, por exemplo, pode servir de instrumento para a manutenção de privilégios e atendimento de interesses privados (TEODORO, 2011, p.153).

Dessa forma, reconhece que "[...] o ativismo judicial é um fenômeno irreversível e necessita de limites claros e democráticos" (TEODORO, 2011, p.153).

Nesse sentido, a atuação jurisdicional em matéria consumerista e, principalmente, em matéria contratual de consumo não tem o potencial de invadir as competências afetas ao Poder Executivo, justamente porque o cenário contratual não permite tais reflexos. Ademais, nem mesmo quanto ao Poder Legislativo pode ser calculado qualquer risco concreto, posto que o próprio sistema de cláusulas gerais (Código de Defesa do Consumidor, no Código Civil e, de uma forma geral, em leis especiais voltadas para determinadas relações simbióticas com as de consumo, como aquelas que regem os beneficiários de planos de saúde, torcedores, idosos, criança e adolescente, pessoas com necessidades especiais) já permite um amplo lastro de liberdade para a atividade jurisdicional.

A questão do ativismo está relacionada, basicamente, com a assimilação do compromisso do julgador com a causa consumerista, a partir da compreensão de que o juiz não é expectador e sim protagonista da justiça contratual. Nessa abertura é que se acomoda muito bem o cerne do conceito de ativismo, enquanto pressuposto de uma atuação mais proativa voltada para a tutela do consumidor contratante. Destarte, proatividade é um dos papeis vitais que a jurisdição deve desempenhar na contemporaneidade.

De acordo com a proposta de Alexandre de Moraes[3], a qual parece bastante razoável, é aconselhado:

> O bom-senso entre a "passividade judicial" e o "pragmatismo jurídico", entre o "respeito à tradicional formulação das regras freios e contrapesos da Separação dos Poderes" e "a necessidade de garantir às normas constitucionais a máxima *efetividade*", deve guiar o Poder Judiciário e, em especial, o Supremo Tribunal Federal na aplicação do ativismo judicial, com a expressão de metodologia interpretativa clara e fundamentada, de maneira a balizar o excessivo subjetivismo, permitindo a análise crítica da opção tomada, com o desenvolvimento de técnicas de autocontenção judicial, principalmente afastando sua aplicação em questões estritamente políticas[...] (MORAES, 2013, p.786).

Logo, no que tange aos contratos de consumo, o ativismo judicial é uma postula bem-vinda e que se harmoniza com o ideal protetivo do Estado, estampado no inciso XXXII, do artigo 5º, da Constituição Federal (BRASIL, 1988).

Certo é que o modelo formal-positivista enrijece a atuação do juiz e limita[4], por consequência, seu poder e suas possibilidades de tutela contratual do consumidor. Não se trata de uma questão nova, posto que, segundo a concepção externada por Carlos Maximiliano, nas primeiras décadas do século XX,

> A tendência racional para reduzir o juiz a uma função puramente automática, apesar da infinita diversidade dos casos submetidos ao seu diagnóstico, tem sempre e por toda parte soçobrado ante a fecundidade persis-

---

3 Bom será se de fato assim proceder no STF. É o que se espera dele como Ministro recém-empossado.

4 A limitação pode ser exemplificada, por exemplo, pelos dogmas jurisdicionais da inércia, adstrição, congruência, demanda, dispositivo etc.

> tente da prática judicial. Em tempos de anarquia, magistrados impolutos decidem, de preferência, pela autoridade; tranquilizados os espíritos, os homens de igual inteireza de caráter interpretam os mesmos textos no sentido da liberdade (MAXIMILIANO, 2011, p.39).

De outro lado, aqueles que combatem a ideia do ativismo, tal como visto na obra de Clarissa Tassinari, o fazem por entender, em geral, que o ativismo ocorre

> [...] por estar embasado em um ato não condicionado por pressupostos jurídicos (mas pela vontade do julgador), apresenta-se como um problema, especialmente na atual conjuntura, em que há uma forte tendência de delegar à jurisdição a concretização de direitos (TASSINARI, 2013, p.141).

Deve ser considerado, no entanto, que a jurisdição é força do Estado e, como tal, lhe cabe, também, a missão de realizar os Objetivos Fundamentais previstos constitucionalmente, com destaque para a construção de uma sociedade justa e a redução das diferenças, que tão explicitamente se manifestam nas relações contratuais entre consumidores e fornecedores. Não há maior pressuposto jurídico do que o de efetivar os Direitos Fundamentais!

Reduzir a atuação da jurisdição, silenciá-la para o que é político, tal como é o Direito do Consumidor, enquanto política de Estado, em nome da separação dos poderes, do modelo republicano e democrático, não passa de um extremo contrassenso, na medida em que o monopólio do que é político significa, isso sim, uma ruptura com a pluralidade desejável em qualquer democracia que se preze, pois,

> Embora o princípio da divisão dos poderes, observado sem restrições, o que, aliás, se não pratica em país nenhum, extinga o antigo papel criador do Direito, atribuído à jurisprudência; o dever de decidir os litígios, sejam quais forem as deficiências da lei escrita, força a magistratura a reivindicar, em parte, a sua velha competência e assim tornar-se, de fato, uma dilatadora e aperfeiçoadora das normas rígidas (MAXIMILIANO, 2011, p.40).

Quando a jurisdição atua está também concretizando funções e metas democraticamente estabelecidas para o Estado. Cada Poder, por assim dizer, com as ferramentas que lhes são próprias, não só repartem funções, mas, primordialmente, as compartilham.

Quem pode dizer que não é meta do Poder Legislativo a melhoria das Universidades Federais? Quem pode dizer que o Poder Executivo não pode ter como meta a construção de uma determinada lei ou que o Poder Judiciário não tem interesse em resolver a questão ambiental? Não há como negar que todas essas metas exemplificadas são do Estado brasileiro e que, portanto, são compartilhadas em maior ou menor grau por todos os Poderes.

Romper com os velhos paradigmas da jurisdição reativa, tornando-a mais participativa da vida social e dos problemas da sociedade, representa um desafio necessário para sua atuação na contemporaneidade. Nos dizeres de Celso Fernandes Campilongo,

> É natural que a magistratura, antes tão ensimesmada, sinta o embaraçoso choque do novo. A expectativa é que, na ânsia de fazer do Judiciário um bastião não da forma da lei, mas sim do conteúdo do direito, os magistrados não se arvorem na condição de novos demiurgos das aspirações nacionais. Ampliar os poderes do juiz (o que parece ser uma tendência mundial) não significa transformá-lo numa figura arbitrária. Parece existir, por enquanto, uma via de mão dupla na relação entre o Judiciário e o cidadão. O cidadão deposita no Judiciário a confiança que perdeu nos outros poderes. E os magistrados dão guarida às pretensões dos que buscam os tribunais. Esse jogo, que garante momentos de recíproca legitimação aos envolvidos, possui limites evidentes [...]. Por isso, mais que insistir na tese da ausência de politização da magistratura, talvez fosse o caso de se refletir sobrea nova conjuntura (CAMPILONGO, 1994, p.121).

Importa destacar, também, que a atuação da jurisdição nas questões de consumo, dentro de um modelo tido, segundo os conceitos aqui narrados, por ativista, alinha-se ao dever que tem o Estado de proteger o consumidor, o que resta claramente materializado no texto do seu Código de Defesa, especialmente no artigo 6º, inciso V, que trata da possibilidade de "modificação das cláusulas contratuais que estabeleçam prestações desproporcionais ou sua revisão em razão de fatos supervenientes que as tornem excessivamente onerosas" (BRASIL, 1990).

Nesse sentido, é possível dizer que o consumidor é credor do Estado quanto a uma *prestação positiva* de sua proteção, e que a jurisdição, de outro lado, é devedora de tal prestação, devendo, por isso, realizá-la (ALEXY, 2011, p.450).

Anote-se, ainda, que o poder econômico projeta sua influência no Estado, especialmente no Poder Executivo, que depende, contemporaneamente, como nunca, da economia para se sustentar política e administrativamente. Imagine-se, portanto, que o Poder Executivo, sujeito a tais pressões econômicas, conforme anota Sabino Cassese, decida flexibilizar a fiscalização ou a regulação de determinado setor da atividade econômica causando, com isso, o aumento dos preços ao consumidor ou a mitigação de direitos em suas relações com o fornecedor (*v.g.* setor aéreo, planos de saúde, serviços públicos prestados por companhias privadas etc.) (CASSESE, 2010, p.45). Na hipótese, o Estado estaria atuando contrariamente à sua inclinação constitucional, que seria a de maximização e não de mitigação da proteção.

Dessa forma, suscitada em um conflito, individual ou coletivo, a jurisdição poderia corrigir os rumos da atuação estatal e declarar diversos comandos inconstitucionais ou mesmo ilegais, à luz da legislação infraconstitucional, ou como melhor ainda se defende, à luz de um construto plural de diversas fontes. Essa possibilidade de atuação jurisdicional representa uma cidadela para o consumidor. Sem isso, ironicamente, é que se degrada o ideal de democracia. Quando os Poderes atuam nessa interligação e, até mesmo no sentido de oposição crítica e ações de contramedidas, a democracia frutifica.

De fato, a defesa do consumidor no Brasil –um país em desenvolvimento econômico emergente, caracterizado nas últimas décadas pelo acesso de classes trabalhadoras ao mercado de consumo, fragilizadas pela avidez capitalista e por sua própria avidez consumista, e ainda pelos baixos índices de educação e de consciência de seu papel no Estado de Direito –situa-se em uma quadra da história que enseja, sem sombra de dúvida, uma jurisdição protagonista.

A razão de ser e a característica basilar da jurisdição são a *substitutividade* (DINAMARCO; CINTRA; GRINOVER, 2006, p.146). Por meio dela, o Estado retira do particular a possibilidade de fazer justiça à mercê de suas vontades e possibilidades. Nesse momento é que a jurisdição atua com mediadora do conflito dizendo o Direito dentro do ambiente processual.

Na relação processual consumerista, há a necessidade constante de uma substitutividade que não seja apenas formal, devendo, ao contrário, ser concretizada materialmente para realizar o que o consumidor é impossibilitado de realizar por suas próprias forças: fazer frente à magnitude do fornecedor, com quem contrata e com quem litiga.

É justamente isso que o ativismo judicial proporciona, ou seja, uma substitutividade real e efetiva de uma parte debilitada, que sempre será oportuna enquanto contribua para o desiderato da proteção do consumidor.

5.2 Tutela individual

Por mais que as questões consumeristas envolvam toda a sociedade, os fenômenos dos conflitos tocam inicialmente à individualidade do ser, porquanto têm referência com suas necessidades particulares inarredáveis. Por isso é que a propensão imediata é a tutela do caso individual como forma de se colocar em prática o ideal das "normas programáticas" de proteção dos interesses do consumidor, no mercado de fornecimento e consumo (CAVALIERI FILHO, 2011 p.340).

A tutela jurisdicional individual representa o meio pelo qual mais frequentemente a jurisdição enfrenta os conflitos contratuais em matéria de consumo.

No campo negocial há, como já abordado nas primeiras linhas deste trabalho, uma situação de dominação que situa o consumidor na condição de elemento vulnerável ao poder econômico do fornecedor. Essa relação contratual é marcada por uma fragilização do consumidor no tocante à forma e ao conteúdo do contrato. Mais que isso, a (in)execução do contrato ou sua execução ruinosa em prejuízo do consumo torna viva a necessidade de tutela, com o objetivo de salvaguardar aquele que buscou contratar, porque não tinha alternativas.

Considerada a situação de vulnerabilidade do consumidor, cabe à jurisdição uma atuação sob medida para não somente concretizar o ideal de proteção, do ponto de vista material, mas, antes disso, zelar para que o processo seja um ambiente que torne possível essa realização, já que todas as fragilidades do consumidor, observadas no terreno dos contratos, são transportadas para o processo.

Caberá à jurisdição fazer bom uso dos instrumentos legais processuais - sempre ciente de seu papel protagonista e ativo –, mas, também, utilizar com desenvoltura o sistema de cláusulas gerais e todos os subsídios que possam contribuir para a *construção* da melhor solução possível dentro do caso concreto.

Conforme assinala Enzo Roppo, eis a chamada "actividade valorativa do juiz" como pressuposto de regulação contratual, fundada em uma discricionariedade conferida pela abertura típica do sistema de cláusulas gerais (ROPPO, 2009, p.167).

Pois bem, no campo da tutela individual, o principal desafio da jurisdição é o de proporcionar efetiva igualdade entre os litigantes de forma a que o consumidor possa fazer frente ao poderio dos fornecedores.

Como diz Rui Portanova, "a busca da justiça concreta passa por postulações conscientes da necessidade de, pelo menos, certa igualização das condições dos desiguais" (PORTANOVA, 2001, p. 43).

Essa tarefa vai desde a garantia de acesso à justiça, passando pelas próprias oportunidades e armas processuais, já dentro do contexto da lide, inclusive do ponto de vista hermenêutico-material de interpretação das provas e do conteúdo dos contratos.

5.2.1 Acesso à jurisdição

A *capacidade postulatória* é, ao mesmo tempo, um entrave e uma medida de garantia ao consumidor litigante. Entrave, porque não poderá ter acesso à jurisdição por conta própria; e garantia, porque os que ostentam a capacidade de postulação, em tese, detêm conhecimentos técnico-jurídicos adequados para o enfrentamento da demanda.

No atual cenário constitucional brasileiro, são quatro as Funções Essenciais à atividade jurisdicional: o Ministério Público (artigo127[5]), a Advocacia Pública (artigos 131[6] e 132[7]), a Advocacia (artigo 133[8]) e a Defensoria Pública (artigo 134[9]) (BRASIL, 1988).

---

5 Art. 127. O Ministério Público é instituição permanente, essencial à função jurisdicional do Estado, incumbindo-lhe a defesa da ordem jurídica, do regime democrático e dos interesses sociais e individuais indisponíveis.

6 Art. 131. A Advocacia-Geral da União é a instituição que, diretamente ou através de órgão vinculado, representa a União, judicial e extrajudicialmente, cabendo-lhe, nos termos da lei complementar que dispuser sobre sua organização e funcionamento, as atividades de consultoria e assessoramento jurídico do Poder Executivo.

7 Art. 132. Os Procuradores dos Estados e do Distrito Federal, organizados em carreira, na qual o ingresso dependerá de concurso público de provas e títulos, com a participação da Ordem dos Advogados do Brasil em todas as suas fases, exercerão a representação judicial e a consultoria jurídica das respectivas unidades federadas.

8 Art. 133. O advogado é indispensável à administração da justiça, sendo inviolável por seus atos e manifestações no exercício da profissão, nos limites da lei.

9 Art. 134. A Defensoria Pública é instituição permanente, essencial à função jurisdicional do Estado, incumbindo-lhe, como expressão e instrumento do regime democrático, fundamentalmente, a orientação jurídica, a promoção dos direitos humanos e a defesa, em todos os graus, judicial e extrajudicial, dos direitos individuais e coletivos, de forma integral e gratuita, aos necessitados, na forma do inciso LXXIV do art. 5º desta Constituição Federal.

Como visto, em regra, somente[10] estão vocacionados constitucionalmente para a postulação jurisdicional individual privada a Advocacia e a Defensoria Pública.

Como a Advocacia é função essencial à justiça, exercida substancialmente, em caráter oneroso[11], até porque de todas as Funções Essenciais é a única não remunerada pelo Estado, e, de outro lado, considerando a *hipossuficiência econômica* de milhares de consumidores, especialmente daqueles que emergiram das classes pobres e hoje se encontram endividados pelos próprios contratos que pretendem ver repaginados pela tutela jurisdicional ou por circunstâncias outras, o acesso à justiça pela via da Advocacia torna-se extremamente limitado.

Em outras circunstâncias, o consumidor poderá estar diante do problema de pagar o Advogado e as custas do processo, que nada mais são do que espécies tributárias[12], odiosamente vigentes em um país com tanto *déficit* social como é o Brasil. O somatório desses custos inviabiliza o acesso do consumidor à justiça.

De outro lado, mesmo se o consumidor vier a ser atendido pela Defensoria Pública, pode não ser enquadrado no perfil de beneficiário da gratuidade dos atos processuais, por indeferimento judicial. Explica-se: como a Defensoria Pública detém autonomia funcional e também administrativa, ela pode decidir, segundo critérios próprios da Instituição, por contemplar determinado consumidor entre seus assistidos. Esse consumidor, porém, não necessariamente será contemplado aos olhos da jurisdição.

---

10 Não pode ser esquecida a via dos Juizados Especiais. No entanto a hipossuficiência jurídica coloca o consumidor em situação de enorme desvantagem perante o fornecedor. Logo, embora possa o consumidor litigar sem Advogado, nas causas cujo valor não exceder vinte vezes o valor do salário mínimo, tudo indica não ser esta a melhor alternativa para o fim protetivo do consumidor, pois este fica à sua própria sorte quando atua sem Advogado ou Defensor(a) Público(a). Os Juizados, no entanto, seriam uma excelente via se os Tribunais universalizassem a instalação dos **Juizados Especiais de Defesa do Consumidor**, conforme determina o artigo 5º, inciso IV, do Código de Defesa do Consumidor.

11 Conforme o Estatuto da Advocacia e a Ordem dos Advogados do Brasil (OAB), em seu artigo 22, "a prestação de serviço profissional assegura aos inscritos na OAB o direito aos honorários convencionados, aos fixados por arbitramento judicial e aos de sucumbência" (BRASIL, 1994, *online*).

12 Conforme a Constituição Federal, nos termos do artigo 24, "Compete à União, aos Estados e ao Distrito Federal legislar concorrentemente sobre: [...] IV - custas dos serviços forenses; e, conforme o artigo 98, "A União, no Distrito Federal e nos Territórios, e os Estados criarão:[...] § 2º As custas e emolumentos serão destinados exclusivamente ao custeio dos serviços afetos às atividades específicas da Justiça".

Assim, o problema do acesso parece estar fundado, especialmente, nas despesas processuais (custas, diligências, taxas etc.), nas despesas com contratação de Advogado e na universalização dos serviços da Defensoria Pública. Tudo isso compõe um alto custo do processo judicial.

O problema do custo do processo judicial é apontado por Mario Cappelletti e Bryant Garth em popular obra, em que os autores afirmam que "torna-se claro que os autos custos, na medida em que uma ou ambas as partes devam suportá-los, constituem uma importante barreira no acesso à justiça" (CAPPELLETTI; GARTH, 1988, p.6).

Portanto, a primeira missão da jurisdição é a de democratizar o acesso aos seus serviços, porque isso constitui a primeira tarefa a cargo do Estado quando o assunto é tutela jurisdicional nos contratos de consumo. Essa concepção é muito bem abordada por José Geraldo Brito Filomeno, para quem "[...]o **acesso à justiça**, quando se trata de relações de consumo, deve ser universal, ou seja, dotando-se o consumidor dos instrumentos adequados, e, sobretudo aos **hipossuficientes**, que deverão ter assistência jurídica, sempre" (FILOMENO, 2008, p. 40).

Sem essa abertura e considerando o apego que tradicionalmente o Poder Judiciário tem ao sistema de pagamento de custas como *pressuposto processual*, a tutela jurisdicional do consumidor contratante já se encerra prematuramente, se é que pelo menos chega a começar. Tal realidade está totalmente contraposta ao Direito Básico de acesso à jurisdição, previsto no artigo 6º, inciso II, do Código de Defesa do Consumidor, que deve ser facilitado (BRASIL, 1990).

De outro lado, o fortalecimento das Defensorias Públicas constitui outro fator decisivo para o acesso à tutela jurisdicional. Entretanto, dos problemas referentes ao acesso, o que toca à Defensoria Pública parece ser o que exprime menor preocupação, uma vez que as Emendas Constitucionais nº 45, de 2004, nº 74, de 2013, e nº 80, de 2014, trataram de construir bases sólidas para a sua concretização e operacionalidade, o que repercute favoravelmente em favor da tutela consumerista, não apenas no ambiente jurisdicional, mas também da orientação jurídica e no esclarecimento dos consumidores (BRASIL, 1988).

No caso da Advocacia, tem-se popularizado a atuação do Advogado nas demandas que envolvem pretensões pecuniárias, tais como as ações indenizatórias, de repetição de indébito e aquelas voltadas para a resolução de contratos por vício do produto ou do serviço, que redundam em devolução de valores pagos pelo consumidor. Nesses casos, os contratos de honorários têm previsto o pagamento do serviço com base no grau de sucesso (contrato de risco) da demanda.

Inegável que esse modelo viabiliza o acesso. No entanto, há demandas que não têm expressão econômica e que, portanto, não interessam aos Advogados. Nesse sentido, a Defensoria Pública deve estar aberta a uma assistência universal do consumidor, pois, como aponta Bruno Miragem, a vulnerabilidade do consumidor é uma "presunção legal absoluta" (MIRAGEM, 2010, p.65).

Logo, não há espaço para casuísmos processuais com fundamento para o indeferimento de gratuidade processual (no caso da jurisdição) ou de triagem (no caso da Defensoria Pública), supostamente direcionados a verificar a vulnerabilidade.

O acesso do consumidor deve ser visto pela jurisdição e pelos organismos que compõem o sistema de jurisdição com uma meta universal do Estado brasileiro.

5.2.1.2 Gratuidade processual

O sentido normativo da jurisdição de consumo é o da facilitação da atuação do consumidor em juízo, bem como de seu reconhecimento como sujeito mais frágil em relação ao fornecedor.

Basta imaginar, de início, que o Direito do Consumidor e a proteção ao sujeito consumerista têm *natureza fundamental*, especialmente ante a expressa previsão constitucional. Além disso, é também Direito Humano, consagrado na Declaração Universal, que prevê a tutela dos Direitos Sociais e Econômicos, segundo previsão do artigo XXII:

> Toda pessoa, como membro da sociedade, tem direito à segurança social e à realização, pelo esforço nacional, pela cooperação internacional e de acordo com a organização e recursos de cada Estado, dos direitos econômicos, sociais e culturais indispensáveis à sua dignidade e ao livre desenvolvimento da sua personalidade (ORGANIZAÇÃO DAS NAÇÕES UNIDAS, 1948, *online*).

Ademais, o Pacto Internacional sobre os Direitos Econômicos, Sociais e Culturais, já em seu preâmbulo, anuncia:

> [...]em conformidade com a Declaração Universal dos Direitos do Homem, o ideal do ser humano livre, liberto do medo e da miséria, não pode

> ser realizado a menos que sejam criadas condições que permitam a cada um desfrutar dos seus direitos económicos, sociais e culturais, bem como dos seus direitos civis e políticos (ORGANIZAÇÃO DAS NAÇÕES UNIDAS, 1966, *online*).

Após, veio a lume a Convenção Americana de Direitos Humanos (Pacto de *San* José da Costa Rica), de 1969, que, a exemplo da própria Declaração Universal, trouxe em seu preâmbulo a repetição dos preceitos do Pacto Internacional sobre os Direitos Econômicos:

> Reiterando que, de acordo com a Declaração Universal dos Direitos Humanos, só pode ser realizado o ideal do ser humano livre, isento do temor e da miséria, se forem criadas condições que permitam a cada pessoa gozar dos seus direitos econômicos, sociais e culturais, bem como dos seus direitos civis e políticos (ORGANIZAÇÃO DOS ESTADOS AMERICANOS, 1969, *online*).

O Brasil ratificou todos esses pactos internacionais, razão pela qual eles têm eficácia no ordenamento jurídico brasileiro, e seus conteúdos devem ser realizados pela jurisdição consumerista, já que os Direitos Sociais e Econômicos são destinados a proporcionar justiça econômica, que é um pressuposto da dignidade da pessoa humana.

Esse papel jurisdicional, no tocante aos textos de envergadura humanitária, foi especialmente destacado pelo Ministro do Supremo Tribunal Federal, Celso de Mello:

> HERMENÊUTICA E DIREITOS HUMANOS: A NORMA MAIS FAVORÁVEL COMO CRITÉRIO QUE DEVE REGER A INTERPRETAÇÃO DO PODER JUDICIÁRIO. Os magistrados e Tribunais, no exercício de sua atividade interpretativa, especialmente no âmbito dos tratados internacionais de direitos humanos, devem observar um princípio hermenêutico básico (tal como aquele proclamado no Artigo 29 da Convenção Americana de Direitos Humanos), consistente em atribuir primazia à norma que se revele mais favorável à pessoa humana, em ordem a dispensar-lhe a mais ampla proteção jurídica. O Poder Judiciário, nesse processo hermenêutico que prestigia o critério da norma mais favorável (que tanto pode ser aquela prevista no tratado internacional como a que se acha positivada no próprio direito interno do Estado), deverá extrair a máxima eficácia das declarações internacionais e das proclamações constitucionais de direitos, como forma de viabilizar o acesso dos indivíduos e dos grupos sociais, notadamente os mais vulneráveis, a sistemas institucionalizados de proteção aos direitos fundamentais da pessoa humana, sob pena de a liberdade, a tolerância e o respeito à alteridade humana tornarem-se palavras vãs (BRASIL, Supremo

Tribunal Federal, HC 96772, Relator:Min. Celso de Mello, Segunda Turma, julgado em 09/06/2009, DJe-157 DIVULG 20-08-2009 PUBLIC 21-08-2009 EMENT VOL-02370-04 PP-00811 RTJ VOL-00218- PP-00327 RT v. 98, n. 889, 2009, p. 173-183).

Portanto, nas questões de consumo, estas compreendidas como expressões de Direitos Humanos, o olhar da jurisdição deve ultrapassar as barreiras da estrita legalidade – as quais impõem o pagamento de tributos como condição de acesso à justiça –, para afirmar o preceito constitucional protetivo.

Não apenas o Direito do Consumidor tem natureza humanitária, mas também o próprio acesso à justiça é, em si mesmo, um Direito Humano que deve ser promovido e concretizado pela jurisdição.

Portanto, a questão da gratuidade como pressuposto do acesso não deve passar pela realização de uma operação cognitiva e interpretativa para saber se há ou não uma *hipossuficiência financeira* por parte do consumidor. Essa é uma visão extremamente distorcida acerca do papel da jurisdição no contexto da tutela do consumidor, por reduzir a compreensão do próprio conceito de vulnerabilidade, não composta apenas pelo elemento financeiro, mas por uma condição geral de inferioridade que deve sempre ser corrigida no processo.

A propósito do tema, vale registro o Código de Processo Civil de 2015[13], que, embora tenha sido construído dentro da regência constitucional, perdeu a oportunidade de mudar a dinâmica da gratuidade processual, mantendo o critério estritamente financeiro para a concessão do benefício. Parece que os juristas que auxiliaram o legislativo na construção do Código e os próprios legisladores não se atentaram para o fato de que o Código regerá demandas que, não obstante estejam conformadas no plano da tutela individual, são, na verdade, expressões de uma sociedade carente de proteção, independentemente de suas divisões de classes econômicas.

Boaventura de Sousa Santos, analisando o problema de acesso à justiça, a partir de estudos realizados na Inglaterra, Alemanha e Itália, afirma que

> Estes estudos revelam que a justiça civil é cara para os cidadãos em geral, mas revela sobretudo que a justiça civil é proporcionalmente mais cara para os cidadãos economicamente mais débeis. É que são eles fundamentalmente os protagonistas e os interessados nas acções de menor valor e é

13 Art. 98. A pessoa natural ou jurídica, brasileira ou estrangeira, com insuficiência de recursos para pagar as custas, as despesas processuais e os honorários advocatícios, tem direito à gratuidade da justiça, na forma da lei.

> nessas acções que a justiça é proporcionalmente mais cara o que configura um fenômeno de dupla vitimização das classes populares face a administração da justiça (SANTOS, 1999, p.147).

Ora, se os custos judiciais são um problema de acesso no cenário europeu e em países altamente desenvolvidos, com excelentes índices sociais, o que dizer então dos efeitos das cobranças das custas processuais no cenário brasileiro, com índices sociais tão desfavoráveis?

Por isso é que a visão mais adequada da questão é aquela que conceba o consumidor como sujeito a ser protegido e que observa o conflito de consumo como interesse do Estado e não como um *interesse disponível* da parte, dispensando-se uma análise das condições financeiras do consumidor. Esse é o ponto central do problema do acesso.

As demandas de consumo são de ordem e de interesse públicos, pouco importando se um consumidor é ou não mais abastado do que o outro. A tutela do consumidor, mesmo no campo das demandas individuais, tem sempre caráter social!

Outro ponto a ser considerado é o de que os Direitos Humanos foram concebidos em grande parte para a proteção do ser humano contra as violações provocadas pelas ações ou omissões do Estado. Entretanto, não pode ser desconsiderado que os Direitos Humanos também têm a incumbência de impedir ou fazer cessar qualquer forma de opressão entre os particulares. Nesse sentido, a relação econômica entre o fornecedor contratado e o consumidor contratante, constitui, na contemporaneidade, um exemplo terrível de tal opressão que enseja atuação firme da jurisdição.

Há, portanto, uma necessária e urgente mudança paradigmática a que Boaventura muito bem se refere, quando diz ser

> [...] necessário aceitar os riscos de uma magistratura culturalmente esclarecida. Por um lado, ela reivindicará o aumento de poderes decisórios, mas isso como se viu vai no sentido de muitas propostas e não apresenta perigos de maior se houver um adequado sistema de recursos. Por outro lado, ela atenderá a subordinar a coesão corporativa à lealdade a ideais sociais e políticos disponíveis na sociedade. Daqui resultará certa fractura ideológica que pode ter repercussões organizativas. Tal não deve ser visto como patológico, mas sim como fisiológico. Essas fracturas e os conflitos a que elas derem lugar serão a verdadeira alavanca de democratização da justiça (SANTOS, 1999, p.157).

Esse rompimento paradigmático, no que se refere à mitigação (e porque não o término) da jurisdição onerosa ao consumidor, esbarra, como citou Boaventura, principalmente, em questões estruturais do Poder Judiciário, que vê nos fundos financeiros criados pelas leis que instituem custas processuais uma válvula que alivia o peso da estrutura da justiça no seu quinhão orçamentário.

De outro lado, a recalcitrância do Poder Executivo em repassar ao tempo e nas quantidades devidas os recursos do orçamento geral ao Judiciário faz com que, não raro, se instale entre os juízes uma *pressão* exercida, em muitos casos, pelos próprios órgãos diretivos da justiça, que os levam à condição humilhante de *arrecadadores de impostos*, quando deveriam exercer a atividade finalística e fundamental de proteção do consumidor.

A proteção jurisdicional da qual é credor o consumidor contratante passa, em primeiro lugar, pela abertura das portas dos tribunais aos seus reclames. Estando o consumidor em um Estado Democrático de Direito, o aspecto *democrático* da expressão somente pode ser alcançado caso o consumidor possa ter a "*possibilidade de postulação judicial* de direitos e da configuração politicamente autônoma da proteção jurídica individual" (HABERMAS, 2012, p.159).

Para Rui Portanova, sendo o Judiciário "um poder com anseios democráticos, está aberto a todos, inclusive àqueles que não podem pagar seus custos operacionais" (PORTANOVA, 2001, p.62).

Deve ser registrado que o Supremo Tribunal Federal, na Ação Direta de Inconstitucionalidade nº 3.943, de relatoria da Ministra Cármen Lúcia, deu um significativo passo para uma mudança paradigmática sobre o conceito de vulnerabilidade do consumidor, afastando a análise reducionista da hipossuficiência econômica como pressuposto fundamental da tutela do Estado. Para a relatora, citando entendimento de Ada Pellegrini Grinover,

> O conceito de necessitado, lembra Ada Pellegrini Grinover, "nesse amplo quadro, delineado pela necessidade de o Estado propiciar condições, a todos, de amplo acesso à justiça [evidencia a importância d]a garantia da assistência judiciária. E ela também toma uma dimensão mais ampla, que transcende o seu sentido primeiro, clássico e tradicional. Quando se pensa em assistência judiciária, logo se pensa na assistência aos necessitados, aos economicamente fracos, aos "minus habentes". E este, sem dúvida, o primeiro aspecto da assistência judiciária: o mais premente, talvez, mas não o único. Isso porque existem os que são necessitados no plano econômico, mas também existem os necessitados do ponto de vista organizacional. Ou seja, todos aqueles que são socialmente vulneráveis: os consumidores, os

> usuários de serviços públicos, os usuários de planos de saúde, os que queiram implementar ou contestar políticas públicas, como as atinentes à saúde, à moradia, ao saneamento básico, ao meio ambiente etc. (BRASIL. Supremo Tribunal Federal. ADI 3943, Relatora: Min. Cármen Lúcia, Tribunal Pleno, julgado em7/5/2015, DJe-154, apud GRINOVER, 2008, p. 11-12).

Portanto, o papel da jurisdição na contemporaneidade é o de promover a máxima abertura de suas portas, fato que vem a reclamar a elevação do preceito constitucional protetivo para o afastamento da cobrança de custas processuais como condição de acesso à justiça do consumidor contratante.

Ou a jurisdição é protetora, como lhe determina a Constituição, ou é mercenária, como sugere a engenharia jurídica das leis de índole liberal.

5.2.2 Facilitação da atuação do consumidor em juízo

Vencida a barreira do acesso à jurisdição, o consumidor não pode ser deixado à sua própria sorte dentro do processo jurisdicional. Considerando que o comparecimento do consumidor em juízo pressupõe inexoravelmente a presença[14] de um Defensor Público ou de um Advogado, poder-se-ia imaginar que sua atuação processual se realizaria na plenitude de uma relação equilibrada para com o fornecedor.

No entanto nem o mais hábil representante jurídico do consumidor conseguiria, ordinariamente, segundo as regras e a interpretação processuais clássicas, contribuir para a realização da tarefa protetiva a cargo da jurisdição. É que o consumidor, em sua relação com o fornecedor, já acumulou na fase pré-processual inúmeras desvantagens, notadamente aquelas ligadas às questões probatórias e do próprio direito material previsto em contrato.

No ambiente jurisdicional, as questões processuais são resolvidas a partir do cotejo das *matérias de fato* e *de direito*. Pode haver até o somatório das duas ou até mesmo a presença de apenas uma, como no caso das matérias de direito. Pois bem, as matérias de fato reclamam provas, e as matérias de direito, por óbvio, reclamam fontes. Tradicionalmente, conforme abordado em linhas anteriores, o contrato é reconhecido como fonte de direito.

---

14 Frise-se que, nos procedimentos jurisdicionais afetos aos Juizados Especiais Cíveis das justiças dos Estados e da União, a atuação de Advogado ou de Defensor Público é facultativa nas causas de valor até vinte salários mínimos. Portanto, não obstante a injustificada exceção legal, o texto considera a presença do Advogado ou Defensor como sendo a situação recomendável para maior concretização dos direitos do consumidor.

Mas, na seara das disputas contratuais, o consumidor geralmente não detém as provas de que precisa ou não pode, por força própria, produzi-las, como nos casos das perícias e provas que envolvem custos financeiros e emprego de alta técnica. Mais que isso, são constantemente negados aos consumidores contratantes recibos, comprovantes, vias de contratos, declarações sobre as ocorrências de fatos importantes para sua tese processual.

No campo das questões de direito, dentro dos conflitos jurisdicionais dos contratos de consumo, os olhos são voltados comumente para o que prevê o conteúdo do contrato em discussão, razão pela qual se chega à conclusão de que tais questões também não tendem ao benefício do consumidor, já que as regras contratuais nos contratos de consumo militam substancialmente em favor do instituidor, ou seja, o fornecedor.

As cláusulas predispostas, a ausência de diálogo, a incapacidade de reflexão por conta da rapidez e da superficialidade do relacionamento– a propósito de debelar uma fila de outros consumidores ou de atingir uma meta de maximização de contratações–, bem como a própria incapacidade de compreensão do texto contratual, tudo isso se convola em um ambiente pré-jurisdicional que reduz as chances de sucesso do consumidor em juízo, em qualquer um dos polos da relação processual.

Certamente, uma ambientação jurisdicional que não reorganize a posição das partes e suas capacidades, dentro do processo civil, não se mostra adequada à tutela do consumidor. Nessa hipótese, Robert Alexy suscita a existência de um "dever de tratamento desigual", pois, "se houver uma razão suficiente para o dever de um tratamento desigual, então, o tratamento desigual é obrigatório" (ALEXY, 2011, p.410).

A razão pode ser comodamente sustentada considerando a desigualdade fática vivente entre o consumidor e o fornecedor, bem como também uma desigualdade jurídica que acena em prol do consumidor. Essa desigualdade jurídica está pronunciada na própria Constituição Federal, em seu artigo 5º, inciso XXXII, de que derivam diversos outros espécimes legais tendentes à proteção do consumidor (BRASIL, 1988).

Não por outra razão, o próprio Código de Defesa do Consumidor tratou de estabelecer, como *cláusula geral de proteção*, aquela disposta no artigo 6º, inciso VIII, que garante como direito básico do consumidor a "facilitação da defesa de seus direitos" (BRASIL, 1990).

No Código de Processo Civil de 2015, incorporando preceitos constitucionais, impõe-se à jurisdição o dever de *paridade*[15] entre as partes, o que, na melhor interpretação, à sombra de uma hermenêutica consumerista, significa reconhecer a necessidade de uma proteção do consumidor, porquanto é ele o sujeito que comparece ao processo com menos armas, ensejando, portanto, um verdadeiro e proposital tratamento desigual em prol do consumidor (BRASIL, 2015).

O tratamento desigual passa, consequentemente, pela capacidade da jurisdição em assimilar a missão de desigualar as partes dentro da relação processual, especialmente fundada em três eixos, quais sejam o privilégio de foro, a inversão do ônus da prova e a interpretação mais favorável das cláusulas contratuais.

5.2.2.1 Privilégio de foro

As ações de consumo são, em regra, voltadas para o tratamento de direitos obrigacionais ou para direitos reais de natureza móvel. Logo, considerando que não há previsão expressa no Código de Defesa do Consumidor acerca do foro competente para a solução dos litígios de consumo, natural caminho era o de socorrer-se no que estabelecia o Código de Processo Civil. Segundo o Código de 1973:

> Art. 94. A ação fundada em direito pessoal e a ação fundada em direito real sobre bens móveis serão propostas, em regra, no foro do domicílio do réu.
>
> [...]
>
> Art. 95. Nas ações fundadas em direito real sobre imóveis é competente o foro da situação da coisa. Pode o autor, entretanto, optar pelo foro do domicílio ou de eleição, não recaindo o litígio sobre direito de propriedade, vizinhança, servidão, posse, divisão e demarcação de terras e nunciação de obra nova.
>
> [...]
>
> Art. 111. A competência em razão da matéria e da hierarquia é inderrogável por convenção das partes; mas estas podem modificar a competência em razão do valor e do território, elegendo foro onde serão propostas as

15 Art. 7º É assegurada às partes paridade de tratamento em relação ao exercício de direitos e faculdades processuais, aos meios de defesa, aos ônus, aos deveres e à aplicação de sanções processuais, competindo ao juiz zelar pelo efetivo contraditório.

> ações oriundas de direitos e obrigações.
>
> § 1º O acordo, porém, só produz efeito, quando constar de contrato escrito e aludir expressamente a determinado negócio jurídico.
>
> § 2º O foro contratual obriga os herdeiros e sucessores das partes (BRASIL, 1973, *online*).

O Código de 2015 manteve a essência das regras sobre competência, previstas no Código anterior, nada prevendo especificamente sobre as ações de consumo, salvo o que contido no Art. 22, inciso II:

> Art. 22. Compete, ainda, à autoridade judiciária brasileira processar e julgar as ações:
>
> [...]
>
> II - decorrentes de relações de consumo, quando o consumidor tiver domicílio ou residência no Brasil;
>
> Art. 46.A ação fundada em direito pessoal ou em direito real sobre bens móveis será proposta, em regra, no foro de domicílio do réu.
>
> Art. 62.A competência determinada em razão da matéria, da pessoa ou da função é inderrogável por convenção das partes (BRASIL, 2015, *online*).

Considerando os contratos de consumo e toda a sua ambientação já tratada nesta obra, comumente há a previsão de cláusulas que estabelecem a competência da justiça do foro de domicílio do fornecedor. Não são necessários maiores argumentos para se inferir que, na condição de autor ou réu, o consumidor estará extremamente prejudicado, porquanto, a prevalecer o foro diverso daquele de seu domicílio, deverá empenhar recursos financeiros e tempo para fazer face a um eventual descolamento.

Trata-se de uma situação processual que tem por efeito causar imensas dificuldades à atuação do consumidor em juízo.

Como os contratos de consumo são considerados contratos de natureza privada, muitas demandas capitaneadas por fornecedores argumentavam acerca da impossibilidade de que a jurisdição pudesse reconhecer eventual incompetência de foro em favor do consumidor. O argumento positivista tem sua lógica, máxime à luz da Súmula nº 33, do Superior Tribunal de Justiça, a qual enuncia que "a incompetência relativa não pode ser declarada de oficio" (BRASIL, Superior Tribunal de Justiça, Súmula 33, CORTE ESPECIAL, julgado em 24/10/1991, DJ 29/10/1991, p. 15312).

Com a crescente percepção de que os litígios de consumo não são exatamente expressão de uma relação privada, em que se situam interesses meramente patrimoniais disponíveis, o próprio Superior Tribunal de Justiça, ponderou, conforme se vê no aresto seguinte:

> PROCESSO CIVIL - RECURSO ESPECIAL EM AUTOS DE AGRAVO DE INSTRUMENTO - RETENÇÃO LEGAL - AFASTAMENTO - EXCEÇÃO DE INCOMPETÊNCIA - AÇÃO DECLARATÓRIA - CONTRATO DE FINANCIAMENTO IMOBILIÁRIO - INCIDÊNCIA DO CÓDIGO DE DEFESA DO CONSUMIDOR - CLÁUSULA DE ELEIÇÃO DE FORO - NULIDADE - PREJUÍZO À DEFESA DA PARTE HIPOSSUFICIENTE.
>
> 1 - [...]
>
> 2 - [...]
>
> 3 - Uma vez adotado o sistema de proteção ao consumidor, reputam-se nulas não apenas as cláusulas contratuais que impossibilitem, mas que simplesmente dificultem ou deixem de facilitar o livre acesso do hipossuficiente ao Judiciário. Desta feita, é nula a cláusula de eleição de foro que ocasiona prejuízo à parte hipossuficiente da relação jurídica, deixando de facilitar o seu acesso ao Poder Judiciário (REsp nº 190.860/MG, Rel. Ministro WALDEMAR ZVEITER, DJ de 18.12.2000; AgRg no Ag nº 637.639/RS, Rel. Ministro ALDIR PASSARINHO JÚNIOR, DJ de 9.5.2005).
>
> 4 - Recurso não conhecido.
>
> (BRASIL, Superior Tribunal de Justiça. REsp 669.990/CE, Rel. MIN. JORGE SCARTEZZINI, QUARTA TURMA, julgado em 17/08/2006, DJ 11/09/2006, p. 289).

De outro lado, a incidência da aludida Súmula nº 33 foi afastada para as questões jurisdicionais relacionadas ao âmbito das relações de consumo, conforme exemplifica o acórdão de relatoria do Ministro Fernando Gonçalves, ao decidir que, "segundo entendimento desta Corte, tratando-se de relação de consumo, a competência é absoluta, podendo ser declinada de ofício. Afastamento da súmula 33 do Superior Tribunal de Justiça" (BRASIL, Superior Tribunal de Justiça.CC 106.990/SC, Rel. MIN. FERNANDO GONÇALVES, SEGUNDA SEÇÃO, julgado em 11/11/2009, DJe 23/11/2009).

Mesmo considerando a importante tomada de rumo da jurisprudência, o fato é que a ***consolidação*** dessa forma de facilitação, ou seja, o estabelecimento de uma prerrogativa de foro ainda continua sendo uma tarefa que depende fundamentalmente do intérprete.

Consolidar a perspectiva protetiva e zelar pela sua manutenção e, até mesmo, pelo seu aperfeiçoamento, é uma tarefa que deve ser implementada pela jurisdição para se evitarem retrocessos. Ingo Wolfgang Sarlet, a propósito, sustenta que

> [...] verifica-se que a proibição do retrocesso mesmo na acepção mais estrita aqui enfocada, também resulta -tal como pensamos já ter demonstrado-diretamente do princípio da maximização de (todas) as normas de direitos fundamentais. Por via de consequência, o artigo 5º, parágrafo 1º, da nossa Constituição, impõe a proteção efetiva dos direitos fundamentais não apenas contra a atuação do poder de reforma constitucional (em combinação com o artigo 60, que dispõe a respeito dos limites formais e materiais às emendas constitucionais), mas também contra o legislador ordinário e os demais órgãos estatais, já que medidas administrativas e **decisões jurisdicionais também podem atentar contra a segurança jurídica e a proteção de confiança**. Portanto, além de estarem incumbidos de um dever permanente de desenvolvimento, concretização e proteção eficiente dos direitos fundamentais (inclusive e, no âmbito da temática versada, de modo particular os direitos sociais) não pode - em qualquer hipótese - suprimir pura e simplesmente ou restringir de modo a invadir o núcleo essencial do direito fundamental ou atentar, de outro modo, contra as exigências da proporcionalidade (SARLET, 2008, p. 24-25, grifo nosso).

Assim, sob as perspectivas de que a proteção do consumidor é dever do Estado e do Estado-Juiz, bem como de que esse dever estatal corresponde a um Direito Fundamental do consumidor e da sociedade de consumo, o papel facilitador, nessa seara, está em se consolidar o privilégio de foro para benefício do consumidor, como *conditio sine qua non* da facilitação de sua atuação no âmbito da jurisdição.

Não pode ser esquecido que há uma pressão constante exercida por diversos setores da economia junto ao Estado, visando à flexibilização das normas de regulação do mercado, a exemplo do que ocorre no Direito do Trabalho. Essas pressões, certamente, se não contidas, podem implicar flexibilização do próprio Direito do Consumidor.

Aliás, importa analisar que, quando do processo legislativo destinado à votação do Código de Defesa do Consumidor, muitos dispositivos voltados à proteção do consumidor e outros vocacionados à sanção dos fornecedores foram alvo de contenção, como bem relatam os autores do anteprojeto do Código:

> O Projeto do Congresso Nacional sofreu nada menos que 42 vetos. Alguns foram o resultado de lobbies que não haviam conseguido sensibilizar a Comissão Mista e que, vencidos nas audiências públicas, voltaram à carga na instância governamental. Outros parecem trair a pouca familiaridade dos assessores com as técnicas de proteção ao consumidor. Outros, ainda, recaíram em pontos verdadeiramente polêmicos, sendo até certo ponto justificáveis (GRINOVER et al., 2011, p. 2).

Caso bem recente demonstra que a atuação jurisdicional pode atuar *contra legem*, inclusive em matéria de Direito Fundamental decorrente de Cláusula Pétrea da Constituição, tal como ocorreu nos julgamentos do *habeas corpus* nº **126292, pelo** Supremo Tribunal Federal, que mitigou a aplicação do disposto no artigo 5º, inciso LVII[16], da Constituição Federal, ou seja, mitigou o pressuposto para a presunção de inocência; e do recurso extraordinário nº **601314, que entendeu ser constitucional a obtenção, pelo Fisco, mesmo sem ordem judicial, dos dados de movimentação bancária dos contribuintes.**

Portanto, se por um lado o privilégio de foro em prol do consumidor, nas demandas de consumo, representa um entendimento uníssono na jurisprudência, na doutrina e na própria legislação, por outro, sua manutenção enseja uma constante vigilância para que tal conquista não seja objeto de qualquer medida ou entendimento destinado à sua flexibilização, a exemplo dos recentes retrocessos protagonizados pela Corte Constitucional.

Nada está definitivamente garantido.

5.2.2.2 Inversão do ônus da prova

O código de Defesa do Consumidor garante a relativização da chamada *teoria estática do ônus da prova*. É o que se extrai do seguinte comando:

Art. 6º São direitos básicos do consumidor:

> [...]
>
> VIII - a facilitação da defesa de seus direitos, inclusive com a inversão do ônus da prova, a seu favor, no processo civil, quando, a critério do juiz, for verossímil a alegação ou quando for ele hipossuficiente, segundo as regras ordinárias de experiências; (BRASIL, 1990, *online*).

---

16 Ninguém será considerado culpado até o trânsito em julgado de sentença penal condenatória.

Quanto à *teoria estática do ônus da prova*, Luiz Guilherme Marinoni, anota que,

> Segundo o art. 333 do CPC[17], o ônus da prova incumbe ao autor quanto ao fato constitutivo e ao réu em relação à existência de fato impeditivo, modificativo ou extintivo. Essa regra, ao distribuir o ônus da prova, funda-se na lógica de que o autor deve provar os fatos que constituem o direito que afirma, mas não a não existência daqueles que impedem a sua constituição ou determinam a sua modificação ou a sua extinção (MARINONI, 2008, p.324).

Essa realidade presume uma situação formal de igualdade, o que não se verifica nas relações de consumo, muito menos nas lides delas decorrentes.

A igualdade substancial, portanto, é a meta a ser alcançada, no tocante à inversão do ônus probatório.

Importa mencionar que a igualdade substancial é que consolida o ideal da *paridade de armas* e faz com que o consumidor possa realmente participar da atividade jurisdicional, no âmbito do processo civil, podendo dele extrair a utilidade prática de que precisa para sua tutela contratual.

A jurisdição, no contexto dos litígios sobre contratos de consumo, deve assumir duplo papel, no que se refere à questão probatória: protagonizar a prova, determinando medidas probatórias *ex officio*, sob o fundamento de que se trata de verdadeira questão de ordem pública e transferir, sempre que possível, como é o caso da inversão do ônus probatório, esse ônus ao fornecedor, o qual, via de regra, se encontra em condição de dominância (contratual, econômica, jurídica etc.).

Essa postura da jurisdição rompe com um código de conduta passiva, de índole liberal, privada, que pressupunha uma lógica de neutralidade como justificativa de tratamento igual entre os litigantes. Nada disso faz sentido em uma relação que, antes mesmo da atuação jurisdicional, já começou desigual no próprio plano do contrato.

Conforme aponta José Roberto dos Santos Bedaque,

> Criou-se uma tradição do juiz passivo, espectador, temeroso de que qualquer iniciativa sua possa torná-lo parcial. A escassez de iniciativas probatórias oficiais, mesmo quando manifesta a sua conveniência, tem sido apontada como uma das causas do mau funcionamento do mecanismo judiciário. Essa mentalidade necessita ser alterada, a fim de que o magistrado assuma seu papel na relação processual. Juiz imparcial é aquele que aplica a norma de direito material a fatos efetivamente verificados, sem que se deixe influenciar por outros fatores que não seus conhecimentos jurídicos (BEDAQUE, 2009, p. 114).

---

17 O autor se refere ao Código de 1973.

Vale ainda mencionar que há muito foi o tempo em que a verdade formal satisfazia o caráter cognitivo do processo civil, pois é a busca por uma verdade real que traduz o sentimento mais próximo de uma efetiva justiça material.

Objetivando chegar à verdade real, muitas vias podem ser percorridas, tantas quantas forem as exigências reclamadas pelas dúvidas surgidas no processo civil, bem como pela dificuldade de se atribuir ao consumidor o ônus de elucidá-las.

De fato, para o consumidor, já extenuado pela sua condição recursiva de trabalho e consumo, qualquer esforço probatório já seria demasiado e, pior do que isso, *desestimulante* da própria busca pela tutela jurisdicional.

Dentro desse contexto, a "simples" tarefa de obter uma certidão junto a algum mecanismo de proteção ao crédito, aos cartórios extrajudiciais ou, até mesmo, aos judiciais, sujeitaria o consumidor a ausentar-se do seu trabalho e dos seus afazeres (o que muitas vezes não consegue), e ainda ao desembolso de dinheiro para o pagamento de taxas cartorárias, transporte, etc., o que torna o ônus da prova difícil para o consumidor.

Tudo isso constitui um universo de fatores que contribuem negativamente para o consumidor e para sua atuação em juízo. A produção de provas a cargo do consumidor implica verdadeiro desvio de sua legítima trajetória de vida. Conforme abordado em interessante obra, Marcos Dessaune ressalta que em todos os fatos decorrentes da atuação ilícita do fornecedor

> [...]o consumidor é levado a se afastar de uma atividade que deveria ou desejaria estar realizando - como trabalhar, estudar, cuidar de si, divertir-se, descansar, estar com entes queridos - para gastar seu tempo e suas competências na tentativa de resolver um problema de consumo ao qual não deu causa, mas que o está sujeitando a algum tipo de prejuízo, potencial ou efetivo (DESSAUNE, 2011, p.49).

Registre-se que, felizmente, o Código de Processo Civil de 2015 incorporou em seu texto a possibilidade de se relativizar[18] a regra geral do ônus probatório, o que vem em reforço do que contido no próprio Código de Defesa do Consumidor. Porém, não obstante o avanço legislativo decorrente da aludi-

18 Art. 373. [...]
§ 1º Nos casos previstos em lei ou diante de peculiaridades da causa relacionadas à impossibilidade ou à excessiva dificuldade de cumprir o encargo nos termos do caput ou à maior facilidade de obtenção da prova do fato contrário, poderá o juiz atribuir o ônus da prova de modo diverso, desde que o faça por decisão fundamentada, caso em que deverá dar à parte a oportunidade de se desincumbir do ônus que lhe foi atribuído.

da abertura, a inversão ainda continua a depender da atividade jurisdicional, ou seja, o ônus probatório permanece[19] sendo distribuído da forma clássica, e continuará a caber ao consumidor a prova do fato constitutivo do seu direito, salvo se o juiz se convencer da hipossuficiência do consumidor e da verossimilhança da alegação.

No entanto ao juiz não é dada a faculdade de proteger ou não o consumidor mediante a inversão do ônus da prova (*ope judicis*). Essa proteção decorre de mandamento da própria Constituição Federal e também da diretriz estampada no artigo 4º, inciso I, do Código de Defesa do Consumidor, que alude a um reconhecimento geral de que o consumidor é vulnerável em relação ao fornecedor, o que enseja a inversão cogente do ônus da prova (*ope legis*).

Dentro de tais premissas, Fábio Costa Soares, de forma bastante apropriada, conclui que,

> Considerando que a relação entre consumidores e fornecedores é permeada pela desigualdade em diversos aspectos, que se projeta nas lides de consumo, assim como é marcada pela existência de interesses conflitantes, a inversão do ônus da prova consagrada no Código de Defesa do Consumidor é importante técnica destinada à realização da igualdade material no plano processual (SOARES, 2006, p. 271).

Destarte, se a lei mantém como regra a distribuição do ônus para o consumidor-autor, no que toca à prova do fato constitutivo de seu direito, caberá à jurisdição observar a necessidade de inversão do ônus probatório como regra e não como exceção, vez que a hipossuficiência probatória do consumidor, longe de constituir uma exceção casuística, é verdadeiramente uma realidade cotidiana que impõe ser transportada para cada processo judicial.

5.2.2.3 Interpretação mais favorável das cláusulas contratuais ao consumidor

Enquanto mecanismo legal, a possibilidade de interpretação das cláusulas contratuais em favor do consumidor está disposta no artigo 47, do Código de Defesa do Consumidor. De acordo com o texto legal, "as cláusulas contratuais serão interpretadas de maneira mais favorável ao consumidor" (BRASIL, 1990).

---

19 Art. 373. O ônus da prova incumbe:
I - ao autor, quanto ao fato constitutivo de seu direito;
II - ao réu, quanto à existência de fato impeditivo, modificativo ou extintivo do direito do autor.

Dessa forma, a tarefa hermenêutica a cargo da jurisdição configura um pressuposto inarredável de justiça contratual, na medida em que repara, afina e molda os contornos das cláusulas que o consumidor sequer teve a possibilidade de construir.

Cláudia Lima Marques afirma que essa "hermenêutica mais favorável ao consumidor" é algo especial dentro dos contratos e das normas de consumo. Tal como esclarece, "trata-se de uma tendência mundial, originada da constitucionalização do direito dos contratos" (MARQUES, 2011, p.904).

Portanto, nas demandas consumeristas, considerar o contrato como fonte de obrigação a partir do que contido em suas cláusulas seria o mesmo do que dar abrigo ao processo de dominação que é realizado pela indústria capitalista, dadas as necessidades do consumidor e a ausência de qualquer possibilidade de diálogo e de rejeição do pacto, por parte do consumidor.

Na verdade, "apenas a existência de uma argumentação, que não seja coercitiva nem arbitrária, confere um sentido à liberdade humana, condição de exercício de uma escolha racional" (PERELMAN; OLBRECHTS-TYTECA, 2005, p. 581). Entretanto, a condicionante expressa por Chaïm Perelman e Lucie Olbrechts-Tytecanão é a realidade experimentada nos contratos de consumo.

Por consequência, o contrato é construído pelo fornecedor e voltado para os seus interesses econômicos, o que enseja atuação jurisdicional de forma a temperar os efeitos contratuais em busca de sua justiça. Não é possível negar que "quem parte e reparte fica com a maior parte". "É a tendência natural, quase irresistível, daquele que tem o poder de estabelecer as regras", diz Sérgio Cavalieri Filho, ao exemplificar a questão (CAVALIERI FILHO, 2011, p.156).

Em outras palavras, a jurisdição deve atuar de forma interventiva para que a ausência de liberdade vivida pelo consumidor na construção e vinculação ao contrato seja compensada com os recortes e as adaptações destinados ao alcance da justiça material.

Não se pode perder de vista o fato de que a atividade interpretativa das cláusulas contratuais representa a espinha dorsal da tutela contratual do consumidor.

Enquanto a atividade jurisdicional de acesso e facilitação da defesa do consumidor encerram os meios para se chegar à realização da tutela, a atividade de interpretação do conteúdo contratual é o próprio fim perseguido pelo Estado na proteção do consumidor e que deve, nos termos do mandamento constitucional presente no artigo 5º, inciso XXXII, ser materializado pela jurisdição(BRASIL, 1988).A tutela contratual, portanto, tem na interpretação dos contratos a cargo da jurisdição a justiça propriamente dita sendo realizada.

Como assinala Cláudia Lima Marques, "[...]a interpretação pró-consumidor é uma regra geral do sistema brasileiro (direito privado e público), que no microssistema do CDC consubstancia-se por meio da norma do art. 47, mas nela não se exaure[...]" (MARQUES, 2011, p.907).

Outro aspecto relevante, no que pertence à tutela contratual do consumidor, é que a interpretação mais favorável deve levar em conta a finalidade do contrato.

É sabido que os contratos de consumo estão entre o consumidor e suas necessidades. São pontes de acesso, portanto. Objetivam desde a compra e a venda de um relógio importado àqueles que visam a garantir a saúde do consumidor e de toda a sua família. Há contratos que se destinam a viabilizar uma viagem de turismo. Outros, porém, têm por escopo regular a oferta de água, energia, telecomunicações ou, ainda, realizar o direito à moradia.

Portanto, inegavelmente, o direito contratual e a tutela dos contratos de consumo atingem um nível protetivo que não está apenas relacionado a objetos patrimoniais, mas, muito além disso, estão intimamente ligados com a própria consecução prática de Direitos Fundamentais. De acordo com Marcelo Schenk Duque,

> [...]ao se falar de consumidores, está-se a falar de pessoas; ao se falar-se de consumo, está-se a falar de subsistência. A garantia de um mínimo existencial passa, portanto, por relações de consumo, de modo que sem consumo mínimo, não há falar em dignidade. Essa é a razão pela qual a proteção do consumidor revela-se como verdadeiro direito fundamental [...] (DUQUE, 2013, p.407).

Em tal contexto, como já defendido aqui, jurisdicionar o contrato de consumo não é apenas resolver uma questão que diz respeito a meras expressões econômicas, conforme concepção clássica liberal. Por isso, o compromisso da jurisdição para com a tutela do consumidor deixa para trás o plano do negócio jurídico e passa ao plano das prestações positivas de Direitos Fundamentais a cargo do Estado e, portanto, do Estado-Juiz.

5.2.3 Poder geral de cautela

Quando se fala em *poder geral de cautela*, logo vem em mente o Livro III, do Código de Processo Civil de 1973, que era destinado a reger o Processo Cautelar, pois foi sob os auspícios de sua regência que o tema das medidas acautelatórias foi tratado por mais de quarenta anos. Segundo o Código de 1973:

> Art. 798. Além dos procedimentos cautelares específicos, que este Código regula no Capítulo II deste Livro, poderá o juiz determinar as medidas provisórias que julgar adequadas, quando houver fundado receio de que uma parte, antes do julgamento da lide, cause ao direito da outra lesão grave e de difícil reparação (BRASIL, 1973, *online*).

Assim, o juiz poderia valer-se tanto de possibilidades específicas no texto legal, de tutelas cautelares, como também poderia, de maneira geral, mesmo que não prevista em lei (daí o porquê do poder geral de cautela), adotar as medidas necessárias para a preservação de situações e coisas importantes para o processo, sem embargo, é claro, da preservação do próprio sujeito processual.

Nesse sentido, Cassio Scarpinella Bueno chega a afirmar, e com isso externa-se plena concordância, que o poder geral de cautelar é um verdadeiro poder-dever. Para ele,

> Pelo "*dever-poder* geral de cautela" o magistrado, no exercício da jurisdição, tende a tutelar (proteger) suficiente e adequadamente qualquer situação de ameaça que lhe seja apresentada ou que seja visível ao longo do processo como forma, até mesmo, de evitar que a função jurisdicional seja exercitada de forma inútil o que, no direito processual civil brasileiro, é assegurado amplamente desde o art. 125, II, do Código de Processo Civil (BUENO, 2011, p.207).

Ainda segundo o Código Processual de 1973, o poder acautelatório do juiz seria possível no âmbito do próprio processo de conhecimento, segundo o instituto da *tutela antecipatória de mérito* e suas variações, senão vejamos::

> Art. 273. O juiz poderá, a requerimento da parte, antecipar, total ou parcialmente, os efeitos da tutela pretendida no pedido inicial, desde que, existindo prova inequívoca, se convença da verossimilhança da alegação e:
>
> I - haja fundado receio de dano irreparável ou de difícil reparação; ou
>
> II - fique caracterizado o abuso de direito de defesa ou o manifesto propósito protelatório do réu.
>
> § 7º Se o autor, a título de antecipação de tutela, requerer providência de natureza cautelar, poderá o juiz, quando presentes os respectivos pressu-

> postos, deferir a medida cautelar em caráter incidental do processo ajuizado (BRASIL, 1973, *online*).

Importa abrir parênteses para elucidar a multiplicidade conceitual no tocante às seguintes expressões: *tutela antecipada* e *tutela cautelar*. De início, o chamado poder geral de cautela engloba as duas formas de tutela, e o que há de comum entre ambas é o elemento emergencial. Daí porque também serem chamadas de *tutelas de urgência* ou *tutelas preventivas* (BUENO, 2011, p.30).

Feitas essas digressões, independentemente da matéria jurídica tratada, em linhas gerais, o regramento das tutelas, sejam de urgência ou preventivas, ser de aplicação geral, inclusive no que toca às questões atendidas pela jurisdição de consumo. Sobre o tema, é o que também diz Luiz Guilherme Marinoni:

> Aliás, os arts. 461 do Código de Processo Civil e 84 do Código de Defesa do Consumidor não se prestam apenas para a tutela das obrigações de fazer e de não fazer ou para a tutela relativa aos deveres de fazer e de não fazer. Tais artigos estabelecem técnicas processuais (sentenças e meios executivos diferenciados) que servem para a prestação de várias tutelas, entre elas a tutela específica da obrigação contratual inadimplida e a tutela inibitória (por exemplo) (MARINONI, 2011, p.71).

Vale, porém, lembrar que o Código de Defesa do Consumidor não tratou de construir separações semânticas no contexto das tutelas urgentes ou preventivas, tendo mais se preocupado com a efetividade da tutela jurisdicional do que propriamente com o *nomen juris* dado a cada uma delas. Eis o texto:

> Art. 84. Na ação que tenha por objeto o cumprimento da obrigação de fazer ou não fazer, o juiz concederá a tutela específica da obrigação ou determinará providências que assegurem o resultado prático equivalente ao do adimplemento.
>
> [...]
>
> § 3° Sendo relevante o fundamento da demanda e havendo justificado receio de ineficácia do provimento final, é lícito ao juiz conceder a tutela liminarmente ou após justificação prévia, citado o réu.
>
> [...]
>
> § 5° Para a tutela específica ou para a obtenção do resultado prático equivalente, poderá o juiz determinar as medidas necessárias, tais como busca e apreensão, remoção de coisas e pessoas, desfazimento de obra, impedimento de atividade nociva, além de requisição de força policial (BRASIL, 1990, *online*).

O Código de Processo Civil de 2015, embora tenha tratado do tema de maneira a distinguir as formas de tutela que não fossem as sentenças, denominando-as de "tutelas provisórias", também manteve vivo o ideal do poder geral de cautela, pelo que se pode compreender, a propósito do texto do artigo 297, já que, para ele, "o juiz poderá determinar as medidas que considerar adequadas para efetivação da tutela provisória" (BRASIL, 2015).

Dessa forma, do ponto de vista jurídico-legal, não há barreiras para a efetiva promoção dos direitos consumeristas, no âmbito da jurisdição contratual. O ponto a ser destacado é da exata compreensão do fator emergencial para a adoção da proteção jurisdicional rápida. Essa compreensão não pode ser a mesma do Direito Civil, muito menos do Direito Empresarial, etc.

Na contemporaneidade, as necessidades são, em regra, todas urgentes. Um consumidor com o nome inscrito em um banco de inadimplentes está fadado à exclusão econômica e de acesso a bens de consumo que lhe são essenciais. A ocorrência de um corte indevido de serviços públicos, tais como água, energia e, até mesmo, de serviços de telecomunicação, determinam condições extremamente desfavoráveis ao consumidor e à sua dignidade existencial, reclamando, por consequência, uma ação enérgica e pronta da jurisdição.

Na visão de Kasuo Watanabe,

> Uma das vertentes mais significativas das preocupações dos processualistas contemporâneos é a da efetividade do processo como instrumento da tutela de direitos do conceptualismo e das abstrações dogmáticas que caracterizam a ciência processual e que lhe deram foros de ciência autônoma partem hoje os processualistas para a busca de um instrumentalismo mais efetivo do processo, dentro de uma ótica mais abrangente e mais penetrante de toda a problemática sociojurídica. Não se trata de negar os resultados alcançados pela ciência processual até esta data. O que se pretende é fazer dessas conquistas doutrinárias e de seus melhores resultados um sólido patamar para, com uma visão crítica e mais ampla da utilidade do processo, proceder ao melhor estudo dos institutos processuais - prestigiando ou adaptando ou reformulando os institutos tradicionais, ou concebendo institutos novos -, sempre com a preocupação de fazer com que o processo tenha plena e total aderência à realidade sociojurídica a que se destina, cumprindo sua primordial vocação, que é a de servir de instrumento à efetiva realização dos direitos. É a tendência ao instrumentalismo que se denominaria substancial em contraposição ao instrumentalismo meramente nominal ou formal (WATANABE, 2012, p.19).

Isso não significa que as garantias processuais do fornecedor serão olvidadas ou mesmo relativizadas ou desconsideradas em prol do pronto atendimento aos declames consumeristas.

Por exemplo, o princípio do contraditório e da ampla defesa, certamente, confere a principal característica do processo civil, qual seja a de que qualquer tipo de ato judicial de conteúdo decisório dependa, em regra, do esclarecimento prévio da verdade. Esse fato é descrito por Marinoni e Arenhart:

> Perceba-se que o verdadeiro obstáculo para o juízo antecipatório sempre foi a possibilidade de arbítrio do juiz; por isto é que se pensou em garantia de participação das partes (contraditório). Contudo, a doutrina antiga, para não falar diretamente na possibilidade de arbítrio do juiz e na necessidade de preservação do contraditório, preferiu aludir a busca da "certeza jurídica" (ou da verdade) como pressuposto para a execução (MARINONI; ARENHART, 2010, p.210).

Entretanto, para os autores,

> As novas exigências de tutela jurisdicional célere e pronta - responsáveis, inclusive, pela transformação da tutela cautelar em técnica de sumarização do processo de conhecimento - *transformaram o princípio da* nulla *executio sine titulo em mito.* Em outros termos: os novos conflitos, por sua própria natureza, deixaram clara a necessidade de tutela antecipatória, ou seja, de realização do direito no curso do processo de conhecimento (MARINONI; ARENHART, 2010, p.210).

Dessa forma, a adoção de medidas urgentes ou preventivas, sejam de naturezas cautelar ou antecipatória de mérito, deve ter foco na finalidade material de sua realização e não nos aspectos processuais liberais, típicos do Código de Processo Civil de 1973, ainda incrustados no imaginário jurisdicional.

É preciso, portanto, que a jurisdição se liberte dos dogmas conducentes a uma timidez na concessão de medidas urgentes, máxime no ambiente do contrato de consumo, em que mais devem ser a regra do que a exceção, pois, afinal, as questões de consumo estão intimamente ligadas aos bens e aos serviços que compõem o pacote de dignidade do ser humano.

5.2.3.1 Tutela provisória segundo o Código de Processo Civil de 2015 em conjunto com a tutela específica do Código de Defesa do Consumidor

O Código Processual Civil de 2015 dividiu a tutela jurisdicional entre a tutela provisória e a tutela definitiva. A primeira foi tratada no Livro V e compreende todas as medidas adotadas pelo juiz antes[20] da sentença. A sentença, por óbvio, conserva sua missão clássica de extinguir[21] o processo, sob a perspectiva das sentenças terminativas ou mesmo daquelas que determinam o encerramento da fase cognitiva, a partir do que pode ocorrer, dentro do processo de conhecimento, a etapa do cumprimento de sentença.

Pois bem, a tutela provisória, de acordo como Código de 2015[22], deve estar fundada na *urgência* ou na *evidência.* Assim, criou-se uma divisão em que a tutela de urgência fragmenta-se em *cautelar* e *antecipada.* Quanto ao aspecto temporal[23], pode ser *antecedente* ou *incidente.*

A função da tutela provisória ganha relevo no âmbito da jurisdição contratual de consumo ante a sempre imperiosa necessidade de rapidez de que se revestem tais questões. Assim, "a principal finalidade da tutela provisória é abrandar os males do tempo e garantir a efetividade da jurisdição (os efeitos da tutela). Serve, então, para redistribuir, em homenagem ao princípio da igualdade, o *ônus do tempo do processo* [...]" (DIDIER JR; BRAGA; OLIVEIRA, 2015, p.567).

Fato é que o elemento temporal aparece como fator crucial para o consumidor, uma vez que não pode esperar demasiadamente por uma solução. Quando o consumidor busca tutela jurisdicional, quase sempre essa demanda está relacionada com produtos ou serviços essenciais à sua condição de dignidade.

---

20 Não obstante, importa destacar que o julgador pode também adotar medidas emergenciais durante o cumprimento de sentença, justamente porque conserva durante a jurisdição que exerce o poder geral de cautela.

21 Art. 316. A extinção do processo dar-se-á por sentença.

22 Art. 294. A tutela provisória pode fundamentar-se em urgência ou evidência.

23 Art. 294. [...]Parágrafo único. A tutela provisória de urgência, cautelar ou antecipada, pode ser concedida em caráter antecedente ou incidental.

Ao contrário do consumidor, o fornecedor não tem relação de dependência para com os produtos e serviços, o que faz com que a espera processual seja imensamente mais árdua para o consumidor do que para o fornecedor.

Destarte, nos tópicos seguintes, estão separadas as tutelas de urgência e da evidência, dentro dos quais será tratado como esses institutos, surgidos com o Código de Processo Civil de 2015, podem contribuir para a efetividade da jurisdição na tutela contratual de consumo, especialmente no que toca à rapidez e à efetividade das medidas de proteção ao consumidor contratante.

5.2.3.1.1 Tutela de urgência

Segundo o Código de Processo Civil de 2015, em seu artigo 300, "a tutela de urgência será concedida quando houver elementos que evidenciem a probabilidade do direito e o perigo de dano ou o risco ao resultado útil do processo" (BRASIL, 2015). Logo se vê que essa modalidade de tutela é bem parecida com a tutela cautelar do Código de 1973, estudada no tópico alusivo ao poder geral de cautela.

Para a concessão da medida, deve configurar-se a existência de uma probabilidade do direito, perigo de dano à parte ou mesmo o risco ao resultado útil do processo. De acordo com Cassio Scarpinella Bueno, esses requisitos da tutela de urgência "são expressões redacionais do que é amplamente consagrado nas expressões latinas *fumus bonis iuris* e *periculum in mora*, respectivamente" (BUENO, 2015, p. 2019).

Todavia, tanto no que toca à urgência da medida para se evitar dano irreparável ou risco ao objeto do processo quanto à probabilidade do direito, ficará a cargo da interpretação jurisdicional os seus reconhecimentos. Por isso, é importante sempre ter em mente que a maior probabilidade de violações jurídicas ocorre no sentido do fornecedor para o consumidor, e este, por essas e outras causas, é considerado por leia parte mais vulnerável.

Dessa forma, via de regra, sem olvidar os recorrentes casos de vícios de produtos e serviços, é muito mais provável que o consumidor realmente tenha sido injustiçado em um contrato com cláusulas sempre predispostas, ou que tenha sido cobrado em quantia excessiva, ou, ainda, que tenha sido alvo de uma fraude eletrônica, que se tornou trivial na contemporaneidade, do que o contrário.

Ademais, se o fornecedor conseguir demonstrar a licitude e a justiça de seus atos, é claro que a medida pode ser revertida em prejuízo do consumidor. Mas, até que isso aconteça, a aposta na tutela consumerista imediata é bem mais *plausível* de acerto do que a postergação da tutela, seja para uma fase mais avançada do processo ou mesmo para a própria sentença/tutela definitiva.

É preciso, a toda evidência, que o conceito de *fumus bonis iuris* seja redimensionado para a lógica da contemporaneidade e que passe a admitir determinadas probabilidades que não dependam, necessariamente, da presença de provas formais, a exemplo do construto jurisprudencial aplicável ao caso da presunção[24] da existência de dano moral (*in re ipsa*) decorrente de inscrição ilegal do consumidor em cadastro de inadimplentes.

Embora esse paradigma seja mais ligado à tutela definitiva, não deixa de comprovar como é possível à jurisdição adotar uma compreensão mais realista e menos ligada aos formalismos dogmáticos do positivismo. Na linha de tal pensamento, Humberto Theodoro Júnior entende que, para receber a tutela de urgência,

> [...]não é preciso demonstrar-se cabalmente a existência do direito material em risco, mesmo porque esse, frequentemente, é litigioso e só terá sua comprovação e declaração no final do processo. Para merecer a tutela cautelar, o direito em risco há de revelar-se apenas como o interesse que justifica o "direito de ação", ou seja, o direito ao processo de mérito (THEODORO JÚNIOR, 2016, p. 623).

---

24 PROCESSUAL CIVIL. AGRAVO REGIMENTAL NO AGRAVO EM RECURSO ESPECIAL.RESPONSABILIDADE CIVIL. ILEGALIDADE DA INSCRIÇÃO EM ÓRGÃOS DE PROTEÇÃO AO CRÉDITO. DANO MORAL IN RE IPSA. SÚMULA N. 83/STJ.REDUÇÃO DA INDENIZAÇÃO. RAZOABILIDADE NA FIXAÇÃO DO QUANTUM. REEXAME DO CONJUNTO FÁTICO-PROBATÓRIO DOS AUTOS. INADMISSIBILIDADE. SÚMULA N. 7/STJ. DECISÃO MANTIDA.

1. É entendimento pacífico desta Corte que o dano moral sofrido em virtude de indevida negativação do nome se configura in re ipsa, isto é, prescinde de prova. Incidência da Súmula n. 83/STJ.

2. A análise da insurgência contra o valor arbitrado a título de indenização por danos morais esbarra na vedação prevista na Súmula n. 7/STJ. Apenas em hipóteses excepcionais, quando manifestamente irrisória ou exorbitante a quantia fixada, é possível sua revisão por esta Corte, situação não verificada no caso dos autos.

3. Agravo regimental a que se nega provimento.

(BRASIL, Superior Tribunal de Justiça.AgRg no AREsp 521.400/PR, Rel. Ministro ANTONIO CARLOS FERREIRA, QUARTA TURMA, julgado em 18/9/2014, DJe 25/9/2014).

O devido processo legal pode muito bem ser adaptado ao dinamismo das relações de consumo.

Por outro lado, o *perículum in mora* também deve ser redimensionado para se aplicar a tutela de urgência nos contratos de consumo. É que, como as questões de consumo, invariavelmente, aludem ao atendimento de necessidades inarredáveis da pessoa humana (crédito, acesso aos bens de consumo, acesso aos serviços essenciais etc.), impera garantir a concessão da medida protetiva de urgência ao invés de não a conceder. É uma verdadeira presunção *juris tantum* que deve ser firmada em favor do consumidor e que pode, é claro, ser quebrada pelo fornecedor, caso demonstre uma realidade diversa daquela presumida.

Muitos poderiam bradar que se trata de uma opção paternalista. De fato, é mesmo. No entanto, o paternalismo aqui nada mais é do que obediência constitucional (art. 5º, inciso XXXII) e está muito bem justificado, na medida em que a lógica dos iguais não pode ser aplicada aos contratos de consumo.

Nesse sentido, frise-se, é muito mais provável (*fumus boni iuris*) que o consumidor esteja injustamente enredado pelo contrato, via de regra, estipulado pelo fornecedor, e que isso esteja causando ou esteja na iminência de causar danos ao primeiro (*periculun in mora*) do que o çontrário.

Portanto, *fumus boni iuris* e *periculun in mora,* no âmbito das relações e dos contratos de consumo, exigem sim da jurisdição um paternalismo providencial por dois motivos: para construir uma nova concepção que possa distinguir adequadamente os sujeitos processuais, suas características e suas necessidades, e para, a partir de tal compreensão, efetivar as medidas tutelares, não somente possíveis, mas necessárias. Dentro desse contexto, são as afirmações de Bruno Miragem, no sentido de que "[...] não se exige do Estado a neutralidade ao arbitrar, via legislativa ou judicial, as relações entre consumidor e fornecedores (MIRAGEM, 2010, p.80).

Não foi à toa que o próprio Código de Defesa do Consumidor reconheceu o Direito Básico de *facilitação da atuação do consumidor em juízo.* Dessa forma, no âmbito das tutelas provisórias, o sentido facilitador sempre deverá ser observado pela jurisdição de forma abrangente e potencialmente multifacetário.

Vale ser tomado como paradigma a situação do §1º, artigo 300, do Código de Processo Civil de 2015, que relativiza a exigência de caução como condição para a concessão da tutela de urgência, caso seja a parte pretendente da medida "hipossuficiente" economicamente.

Em tal hipótese, se o julgador levar em conta o elemento textual da deficiência financeira, incorrerá em fatal erro na condução de sua função jurisdicional tutelar, a exemplo do que tratado nesta obra, relativamente ao caso da gratuidade judicial. Mas, sob um prisma de abertura interdisciplinar (histórico, sociológico, antropológico etc.), o critério econômico ditado pelo texto legal não fará o menor sentido, uma vez que o que torna vulnerável o consumidor não é a sua situação econômica propriamente dita, mas sua própria condição de dependência em relação ao fornecedor e a magnitude sistêmica do mesmo em relação ao consumidor. Nos dizeres de Marcelo Duque, "[...] a vulnerabilidade do consumidor do no mercado de consumo extrapola barreiras sociais e econômicas" (DUQUE, 2013, p.386).

Ademais, ainda que o consumidor, no caso concreto, não seja considerado hipossuficiente economicamente, não lhe deve ser exigida qualquer caução pelo simples fato de que tal exigência se afigura como um *dificultador* e não como um *facilitador*[25] de sua atuação em juízo. Nesse caso, haverá uma prevalência da norma consumerista por ausência de elemento contributivo à tutela do consumidor, por parte da norma processual civil. O *diálogo das fontes* é viável quando se puder, com ele, construir caminhos melhores ao consumidor. De acordo com o pensamento de Claudia Lima Marques, as leis dialogarão

> [...]à procura da realização do mandamento constitucional de proteção especial do sujeito mais fraco. [...] a uma mesma relação jurídica de consumo podem ser aplicadas muitas leis, em colaboração, em diálogo, se afastando ou se unindo, caso a caso, com seus campos de aplicação coincidentes, em diferentes soluções típicas para cada caso (MARQUES, 2011, p. 614).

Dentro dessa análise, é possível chegar à conclusão de que o regramento da tutela provisória de emergência, antecipada ou incidente, será aplicado às questões de consumo, tanto quanto puder em ampliar ou aperfeiçoar os mecanismos previstos no próprio Código do Consumidor (art. 84, §5º), o qual se funda, para efeito das tutelas emergenciais, em cláusulas legais gerais, com abertura para larga atuação jurisdicional em prol da tutela consumerista.

---

25 O Código de Defesa do Consumidor alude a uma abertura geral para a tutela jurisdicional protetiva. Eis o texto: Art. 6º São direitos básicos do consumidor: [...] VIII - a facilitação da defesa de seus direitos[...].

5.2.3.1.2 Tutela da evidência

A *tutela da evidência* é trazida pelo Código de Processo Civil de 2015, em seu artigo 311, assim redigido:

> Art. 311.A tutela da evidência será concedida, independentemente da demonstração de perigo de dano ou de risco ao resultado útil do processo, quando:
>
> I - ficar caracterizado o abuso do direito de defesa ou o manifesto propósito protelatório da parte;
>
> II - as alegações de fato puderem ser comprovadas apenas documentalmente e houver tese firmada em julgamento de casos repetitivos ou em súmula vinculante;
>
> III - se tratar de pedido reipersecutório fundado em prova documental adequada do contrato de depósito, caso em que será decretada a ordem de entrega do objeto custodiado, sob cominação de multa;
>
> IV - a petição inicial for instruída com prova documental suficiente dos fatos constitutivos do direito do autor, a que o réu não oponha prova capaz de gerar dúvida razoável.
>
> Parágrafo único. Nas hipóteses dos incisos II e III, o juiz poderá decidir liminarmente (BRASIL, 2015, *online*).

O ponto central dessa possibilidade de tutela provisória é que ela não requer a demonstração do chamado *periculum in mora*, estando fundada, em linhas gerais, na possibilidade de demonstração do direito por meio da *prova documental*. É uma verdadeira tonificação da prova documental dentro do processo civil.

De outro lado, ganha relevo a força dos precedentes jurisprudenciais, fato que nem sempre é positivo, já que o consumidor, dadas as incontáveis deficiências que o vulneram, nunca foi um protagonista jurisprudencial, sendo certo que as grandes corporações econômicas logram e lograrão melhores resultados junto aos Tribunais de cúpula.

Mais uma vez, deve ser chamada a atenção ao fato de que a tutela da evidência, assim como a de urgência, deve ser utilizada tanto quanto possa beneficiar o consumidor. Dessa forma, importa notar que essa modalidade de tutela está intimamente ligada ao próprio objeto da pretensão final, de forma a dar maior efetividade à jurisdição. Isso pode ser percebido pelo fato de que as decisões alusivas à tutela da evidência podem ser concedidas liminarmente (Art. 311, § único).

Especialmente nos casos de vício ou até mesmo de fato do produto ou serviço, diante da nota fiscal, das ordens de serviço, dos comprovantes de despesas, tudo estando a atestar a fluência prazal e os prejuízos suportados, o consumidor já poderá, por exemplo, exercer o direito de substituição[26] dos produtos ou refazimento dos serviços, ou mesmo, em ambos os casos, receber a restituição do valor pago devidamente atualizado, como prevê o Código do Consumidor.

Dessa forma, abolir o elemento *periculum in mora* como pressuposto para a concessão de tutela emergencial provisória significa algo de muito importante e contributivo para a tutela contratual do consumidor, já que valoriza, de certa forma, o conteúdo e a relevância do direito postulado em juízo. Destarte, na tutela da evidência, "[...] o que se protege diretamente é a própria usufruição do direito material, e não propriamente a conservação da utilidade do processo" (THEODORO JÚNIOR, 2016, p.691).

Assim, caberá à jurisdição bem utilizar a possibilidade da tutela da evidência em diálogo com o que dispõe o artigo 84, do Código de Defesa do Consumidor, compreendendo que as demandas de consumo têm relação íntima com a satisfação de necessidades essenciais da vida em sociedade e que, portanto, devem receber tratamento privilegiadíssimo. Como ensina Bruno Miragem,

---

26 Art. 18. [...]
§ 1° Não sendo o vício sanado no prazo máximo de trinta dias, pode o consumidor exigir, alternativamente e à sua escolha:
I - a substituição do produto por outro da mesma espécie, em perfeitas condições de uso;
II - a restituição imediata da quantia paga, monetariamente atualizada, sem prejuízo de eventuais perdas e danos;
III - o abatimento proporcional do preço.
[...]
§ 3° O consumidor poderá fazer uso imediato das alternativas do § 1° deste artigo sempre que, em razão da extensão do vício, a substituição das partes viciadas puder comprometer a qualidade ou características do produto, diminuir-lhe o valor ou se tratar de produto essencial.
Art. 20. O fornecedor de serviços responde pelos vícios de qualidade que os tornem impróprios ao consumo ou lhes diminuam o valor, assim como por aqueles decorrentes da disparidade com as indicações constantes da oferta ou mensagem publicitária, podendo o consumidor exigir, alternativamente e à sua escolha:
I - a reexecução dos serviços, sem custo adicional e quando cabível;
II - a restituição imediata da quantia paga, monetariamente atualizada, sem prejuízo de eventuais perdas e danos;
III - o abatimento proporcional do preço.

> A preocupação com a efetividade vai estabelecer uma correspondência eficiente entre o direito subjetivo de proteção do consumidor e a finalidade observada a partir deste direito, com os meios processuais conducentes a este fim. Esta correspondência, antes de um ensaio meramente formal já havido no direito tradicional sob a célebre disposição de que "a todo direito corresponde uma ação que o assegura", passa a vincular direito material e os meios processuais conducentes a sua eficácia, com instrumentos inspirados pela efetivação dos direitos, combinando o reforço dos poderes do juiz, a celeridade e a utilidade da prestação jurisdicional (MIRAGEM, 2010, p.446).

Em uma sociedade cujos membros (consumidores) efetivamente não conseguem prover suas necessidades, a dependência destes em relação aos fornecedores é evidente. Como diz Bauman, "[...] a sociedade pós-moderna envolve seus membros primariamente em sua condição de consumidores e não de produtores. A diferença é fundamental" (BAUMAN, 2001, p.90).

Essa dependência é transportada para o ambiente processual civil na medida em que as demandas judiciais de consumo têm sempre como causa uma relação direta e essencial entre o sujeito consumidor e os meios materiais necessários à sua vida digna. É dentro desse contexto que a tutela da evidência pode contribuir para a tutela contratual de consumo, que é sempre uma tutela emergencial por natureza e não por uma situação casuística.

Oportunas, pois, as palavras de Humberto Theodoro Júnior quando, a propósito das tutelas provisórias previstas no Código de Processo de 2015, reconhece haver "[...] situações concretas em que a duração do processo e a espera da composição do conflito geram prejuízos ou risco de prejuízos para uma das partes, os quais podem assumir proporções sérias, comprometendo a efetividade da tutela a cargo da justiça" (THEODORO JÚNIOR, 2016, p.610).

Portanto, a tutela da evidência, no campo da tutela contratual de consumo, se tomada pelo viés da efetividade de Direitos Fundamentais, pode, enfim, contribuir para a melhoria do mercado de consumo, uma vez que, na medida em que passe a atender rápida e eficazmente as necessidades dos consumidores, redirecionará as práticas comerciais e inibirá as condutas lesivas aos consumidores, as quais estão assentadas, muitas vezes, na certeza da ineficiência jurisdicional.

Por fim, em todo caso, caberá ao julgador utilizar o estruturalismo da tutela provisória quanto esta for conveniente à proteção contratual do consumidor ou dele se distanciar, rumo à abertura dada pelo Código de Defesa do Consumidor.

5.2.4 Matéria contratual de consumo como questão de ordem pública

Pensar o Direito do Consumidor dentro da perspectiva jurídica voltada para o regramento das relações privadas pode implicar uma consequência interpretativa conducente a um modelo de tutela jurisdicional projetado para a disponibilidade de direitos e para a pressuposição da existência de vontade dos contratantes litigantes

No entanto, embora a maioria dos contratos de consumo seja celebrada por particulares (empresas fornecedoras e consumidores pessoa física, profissionais liberais e consumidores pessoa física, empresas fornecedoras e empresas consumidoras, profissionais liberais e empresas consumidoras), a relação jurídica dele decorrente transborda a esfera dos direitos pessoais, constituindo-se em verdadeira questão de interesse social, segundo o próprio Código de Defesa do Consumidor, que, por seu turno, expressa, também, se tratar de norma de ordem pública.

Como decorrência dessa matriz publicista, o Estado participa[27] dos contratos privados de consumo, inclusive impondo limites, restrições, chegando até mesmo a invalidar total ou parcialmente o pacto.

O entrelaçamento entre o Direito Privado e o Direito Público é uma das consequências da participação do Estado, inclusive do Estado-Juiz, nas relações entre particulares, notadamente pelo modelo constitucional que pressupõe a intervenção do Estado como mediador de conflitos e como promotor da igualdade substancial entre as pessoas e as classes sociais. De acordo com Claus-Wilhelm Canaris,

> [...]o direito privado é apenas direito "ordinário", e está, enquanto tal, na estrutura hierárquica da ordem jurídica, num plano *sob* a Constituição. Constitui, pois, um imperativo da lógica normativa que a legislação no campo do direito privado esteja vinculada aos direitos fundamentais, segundo o princípio da primazia da *lex superior* (CANARIS, 2009, p.27-28).

A compreensão do Direito Privado como um universo em que a liberdade não reina ao livre desiderato dos particulares é de crucial importância para a tutela contratual do consumidor, o qual, por não exercer qualquer ato de

27 A participação não é uma faculdade da jurisdição, mas sim um poder-dever, decorrente, entre outras causas, do próprio mandamento constitucional de tutela.

liberdade ou de autonomia, no campo de suas relações com os fornecedores, passa a depender da jurisdição como pressuposto de salvaguarda e contenção da força característica dos fornecedores.

De acordo com a compreensão de que as questões de consumo e as contratuais de consumo são de ordem pública é que deve atuar a jurisdição, porque isso definirá a postura a ser seguida pelo julgador, especialmente consolidando o entendimento de que ele é parte da solução e, principalmente, parte da construção da solução, não estando vinculado apenas ao que as partes lhe oferecem em matéria processual e em matéria cognitiva.

Nas questões de consumo, o juiz não pode ser um autômato reprodutor e aplicador do texto legal ou, pior, do texto contratual, porque o último está predisposto ao fornecedor, no mais das vezes. Para Canaris,

> Com efeito, independentemente de todas as controvérsias em tomo da questão da natureza *normativa* do "direito dos juízes", pelo menos sob o ponto de vista *fáctico* é, em grande medida, apenas a jurisprudência que confere as leis pleno conteúdo, criando, portanto, *law inaction* em contraposição a *law in the books,* e que, assim, influencia decisivamente as consequências práticas da legislação para as posições jurídicas fundamentais dos cidadãos (CANARIS, 2009, p.40).

Projetando-se essa lógica para a tutela contratual do consumidor, a jurisdição pode e deve, a propósito do artigo 5º, inciso XXXII, da Constituição Federal, protagonizar todas as medidas necessárias para a realização do seu compromisso tutelar, o que inclui a declaração de nulidades, a modificação do pacto e seu realinhamento com o razoável e com o justo.

Desde o advento do Código de Defesa do Consumidor, o qual logo no seu primeiro artigo textualizou que estaria a estabelecer "normas de proteção e defesa do consumidor, de ordem pública[...]", a doutrina e a jurisprudência sempre evoluíram nesse mesmo sentido (BRASIL, 1990). A exemplo disso, para Cláudia Lima Marques, cabe "[...] ao Poder Judiciário, no âmbito do processo em curso, e à administração pública assegurar a efetividade das normas de defesa do consumidor, inclusive conhecendo de ofício a sua violação[...]"(MARQUES, 2011, p.907-918).

A dimensão pública do Direito do Consumidor está gravada na própria Constituição Federal, até porque o tema remete a um Direito Fundamental de proteção, cujo credor é o consumidor e o devedor é o próprio Estado, não obstante os fatos ocorrem ou poderem ocorrer no espaço particular. Assim, de acordo com Marcelo Duque,

> A fundamentação em torno da necessidade de um dever de proteção constitucional ao consumidor decorre da constatação de que o Estado tem a função de proteger os direitos fundamentais dos particulares de agressões provenientes de outros sujeitos privados, por meio da atuação dos órgãos públicos, em particular, do legislador e dos tribunais.
>
> [...]
>
> A eficácia da proteção destinada ao consumidor na forma de um dever de proteção estatal ultrapassa, ainda, aquela que deriva da conexão com a determinação de objetivos estatais ou de princípios da ordem econômica. Isso porque os deveres de proteção estatais deixam-se deduzir de direitos fundamentais e não meramente de objetivos ou tarefas estatais (DUQUE, 2013, p. 387).

Porém, a irradiação dos Direitos Fundamentais no campo da tutela contratual de consumo constitui um importante patamar ainda a ser atingido para que a jurisdição possa, efetivamente, cumprir a sua missão constitucional.

Esse alerta, todavia, se muito vale para a jurisdição de primeiro e segundo graus, mais ainda ganha valor quanto aos Tribunais Superiores, especialmente quanto ao Superior Tribunal de Justiça, o qual, pela Constituição, tem a missão[28] de zelar pela legislação federal, no caso, o próprio Código de Defesa do Consumidor.

Por isso, importa de relevante utilidade a análise de caso relacionada à Súmula 381, que trata da impossibilidade de conhecimento de ofício, por parte do julgador, de nulidade(s) em contratos bancários.

O tema é relevantíssimo, especialmente porque, de acordo com o Código de Processo Civil de 2015[29], os entendimentos sumulares têm o poder, de uma

---

28 Art. 105. Compete ao Superior Tribunal de Justiça: [...] III - julgar, em recurso especial, as causas decididas, em única ou última instância, pelos Tribunais Regionais Federais ou pelos tribunais dos Estados, do Distrito Federal e Territórios, quando a decisão recorrida: a) contrariar tratado ou lei federal, ou negar-lhes vigência; [...] c) der a lei federal interpretação divergente da que lhe haja atribuído outro tribunal (BRASIL, 1988).

29 O Código Processual de 2015 conferiu enorme importância e efeitos práticos aos precedentes jurisprudenciais, conforme pode ser visto por alguns dos dispositivos que são adiante citados: Art. 332. Nas causas que dispensem a fase instrutória, o juiz, independentemente da citação do réu, julgará liminarmente improcedente o pedido que contrariar: I - enunciado de súmula do Supremo Tribunal Federal ou do Superior Tribunal de Justiça; [...] Art. 932. Incumbe ao relator: IV - negar provimento a recurso que for contrário a:

forma geral, na jurisdição, de provocar a irradiação de seu conteúdo, que no caso é extremamente malévolo ao consumidor. Por isso, a súmula 381 é por demais paradigmática, razão pela qual será tratada no tópico seguinte como estudo de caso destinado a confirmar a necessidade de tratamento das questões de consumo, dentro de um contexto publicista que albergue a intervenção jurisdicional de ofício.

5.2.4.1 O caso da Súmula 381do Superior Tribunal de Justiça: inconstitucionalidade, violação de Direitos Fundamentais e outros problemas

A Segunda Seção do Superior Tribunal de Justiça entendeu pelo édito da Súmula de nº 381 com o seguinte texto: "Nos contratos bancários, é vedado ao julgador conhecer, de ofício, da abusividade das cláusulas" (BRASIL, Superior Tribunal de Justiça. Súmula 381, SEGUNDA SEÇÃO, julgado em 22/4/2009, DJe5/5/2009).

O entendimento foi consolidado na referida súmula a partir dos precedentes que entendiam que, ao conhecer de ofício de cláusulas abusivas, o julgador estaria violando o princípio *tantum devolutum quantum appellatum*, pela prática de julgamento *extra petita*, já que conheceria de pedidos e matérias não suscitados na postulação ou até mesmo na defesa.

Além do dogma processual civil invocado como justificativa, chama bastante a atenção o fato de a redação de o verbete fazer referência expressa à qualidade dos contratos alcançados por ela, quais sejam **os contratos bancários**.

Por outro lado, o vigor da Súmula enseja temores pelo fato de serem os contratos bancários justamente aqueles que maiores dissabores causam à sociedade de consumo pela abusividade costumeira de suas cláusulas, as quais, via de regra, determinam o flagelo da onerosidade excessiva aos consumidores contratantes.

Outro problema que merece destaque é o fato de a classe consumidora depender umbilicalmente do crédito tomado de instituições bancárias ou con-

---

a) súmula do Supremo Tribunal Federal, do Superior Tribunal de Justiça ou do próprio tribunal; [...] V - depois de facultada a apresentação de contrarrazões, dar provimento ao recurso se a decisão recorrida for contrária a: a) súmula do Supremo Tribunal Federal, do Superior Tribunal de Justiça ou do próprio tribunal; [...] Art. 927. Os juízes e os tribunais observarão: IV - os enunciados das súmulas do Supremo Tribunal Federal em matéria constitucional e do Superior Tribunal de Justiça em matéria infraconstitucional.

gêneres para a aquisição do capital necessário destinado à obtenção dos bens e serviços de consumo. Não é à toa que a atividade de oferta de crédito constitui contemporaneamente um dos pilares da economia[30].

Dentro dessa relação de dependência, os contratos bancários funcionam como rito obrigatório de passagem aos consumidores. Não por outro motivo, os serviços fornecidos pelos bancos estão entre aqueles que mais reclamações geram junto aos serviços públicos e privados de defesa do consumidor.

Posto o problema, é possível dimensionar o quão grande é a desventura da súmula para os interesses dos consumidores, o que enseja compreensíveis questionamentos e inconformismos.

5.2.4.1.1 A Súmula 381 sob a perspectiva dos Direitos Humanos e Direitos Fundamentais

Pois bem, deve a jurisdição, a propósito de um modelo pós-positivista, levar em conta que as demandas de consumo devem ser observadas, antes de qualquer coisa, como um ambiente em que estão em jogo Direitos Humanos (acesso aos bens e serviços como componentes dos Direitos Sociais e Econômicos) e Direitos Fundamentais (o de proteção estatal do consumidor, por exemplo).

Isso porque, de início, ao realocar o ser humano para o centro da proteção jurídica do Estado, a Declaração Universal dos Direitos Humanos, de 1948, não deixou sem vez a questão consumerista, fazendo menção expressa à sua proteção, o que se seguiu em outros importantes pactos internacionais já tratados nesta obra. Resta claro que todas as macroconvenções internacionais se concentram no modelo de liberdade econômica, com a funcionalidade de promover a dignidade da pessoa humana, por meio de acesso aos bens que possam proporcionar uma existência digna.

É nesse sentido que se conformam os Direitos Sociais e Econômicos, destinados a proporcionar à pessoa humana a justiça econômica (por diversas vezes violadas pelos contratos), acesso e distribuição dos recursos financeiros e de

---

30 A expansão do crédito no Brasil se deu de forma excepcionalmente rápida nos últimos 10 anos. De maneira concomitante ao aumento expressivo na demanda por crédito tem ocorrido o endividamento das classes de renda mais modestas, com crescimento significativo da participação do cartão de crédito, modalidade que apresenta o maior indicador de inadimplência (SBICCA; FLORIANI; JUK, 2012, p.6).

bens de consumo, retirando ou evitando qualquer tipo de marginalização ou situação de pobreza, conforme salienta Flávia Piovesan (2013, p.162).

Não há como negar que as questões afetas ao Direito do Consumidor, como é o caso dos contratos bancários e os contratos de consumo em geral, devem ter tratamento e envergadura de questões afetas aos Direitos Humanos.

Por assim ser, a tutela contratual de consumo suscita um olhar diferenciado da jurisdição, porquanto ela passa a ser meta de Estado, não apenas ligada à mediação dos conflitos inerentes aos interesses e disponibilidades das partes envolvidas no processo.

Assim, ao retirar do julgador a possibilidade de intervenção em favor do consumidor (prestação positiva), no tocante ao reconhecimento de ofício das abusividades nos contratos bancários, a Súmula mitigou as forças e a operacionalidade da jurisdição, não obstante o Estado brasileiro ter, por mais de uma vez, se comprometido, em diversos pactos internacionais, e na própria Constituição Federal, a tal prestação positiva de proteção. É o que se destaca das observações de Robert Alexy, ao tratar dos direitos a ações positivas:

> Especialmente intensa é a discussão sobre os assim chamados direitos fundamentais sociais, como, por exemplo, direitos à assistência social, ao trabalho, à moradia e à educação [...] Enquanto direitos subjetivos, todos os direitos a prestações são relações triádicas entre um titular do Direito Fundamental, o Estado e uma ação estatal positiva (ALEXY, 2011. p. 433-445).

A Súmula 381, portanto, ao vedar que a jurisdição controle de ofício o conteúdo dos contratos que ostentam cláusulas nulas, viola Direito Humano à justiça social e econômica, bem como retira do consumidor o direito à recepção de uma prestação positiva do Estado, garantida constitucionalmente, que nada mais é do que um direito humano fundamentalizado (SARLET, 2015, p.30).

5.2.4.1.2 A Súmula 381 sob a perspectiva da correta técnica jurisdicional aplicável aos contratos de consumo

Ao contrário do entendimento sumular, por força constitucional (art. 5º, inciso XXXI), o Estado, e nele a jurisdição, deverá tomar partido das questões afetas à proteção do consumidor, inclusive os contratos sob o crivo jurisdicional.

Com efeito, a remissão constitucional à proteção estatal nos termos da lei foi levada a efeito pelo constituinte originário, tanto que fez prever no artigo 48, dos Atos das Disposições Constitucionais Transitórias, o prazo de cento e vinte dias para elaboração de projeto do que viria a ser o Código de Defesa do Consumidor.

A partir do mandamento constitucional, o Código de Proteção e Defesa do Consumidor foi alçado ao ordenamento jurídico brasileiro por obra da Lei nº 8.078/1990, que já no seu artigo inaugural deu a tônica de sua envergadura e natureza, afirmando-se como lei de ordem pública.

A partir de uma interpretação gramatical do texto do referido Código, já seria possível coroar de absurdo o entendimento externado pela Súmula 381, na medida em que, em se tratando os contratos celebrados entre consumidores e bancos como questão jurídica de ordem pública, o julgador está autorizado a conhecer de ofício de questões que não foram suscitadas pelas partes. O próprio Superior Tribunal de Justiça assim o faz quando invalida de ofício a cláusula de eleição de foro diverso do domicílio do consumidor, senão vejamos:

> AGRAVO REGIMENTAL EM AGRAVO EM RECURSO ESPECIAL. AÇÃO DE COBRANÇA. CORRETORA DE BOLSA DE VALORES. COMPETÊNCIA. FORO DO CONSUMIDOR. RELAÇÃO DE CONSUMO. REVISÃO. SÚMULA 5 E 7 DO STJ.
>
> 1. Nos contratos de adesão, o foro de eleição contratual cede em favor do local do domicílio do devedor, sempre que constatado ser prejudicial à defesa do consumidor, podendo ser declarada de ofício a nulidade da cláusula de eleição pelo julgador. Precedentes.
>
> 2.[...]
>
> 3. Agravo regimental não provido.
>
> (BRASIL, Superior Tribunal de Justiça. AgRg no AREsp 476.551/RJ, Rel. Ministro LUIS FELIPE SALOMÃO, QUARTA TURMA, julgado em 25/3/2014, DJe 2/4/2014).

Ora, mas a prevalecer a Súmula 381, as cláusulas de foro, que são, também, abusivas, estariam fora da intervenção jurisdicional. Por que, então, conhecer de ofício acerca da abusividade de cláusulas de eleição de foro e não conhecer de cláusulas que imponham outras abusividades ao consumidor? Não há, certamente, qualquer justificativa jurídica.

Em outro cotejo, o absurdo sumular se intensifica. É que, ainda, no tocante às questões de ordem pública, o mesmo Superior Tribunal de Justiça assim entende:

> PROCESSUAL CIVIL. AGRAVO REGIMENTAL NO RECURSO ESPECIAL. COISA JULGADA. MATÉRIA DE ORDEM PÚBLICA. EFEITO TRANSLATIVO.APLICABILIDADE AOS RECURSOS ORDINÁRIOS.
>
> 1. [...]
>
> 2. A jurisprudência desta Corte firmou-se no sentido de que as instâncias ordinárias podem conhecer ex officio de matéria de ordem pública, em respeito ao efeito translativo dos recursos ordinários e ao princípio da economia processual, possibilitando, inclusive, a extinção do feito principal sem resolução do mérito.
>
> 3. Agravo regimental a que se nega provimento.
>
> (BRASIL, Superior Tribunal de Justiça. AgRg no REsp 1306712/PR, Rel. Ministro OG FERNANDES, SEGUNDA TURMA, julgado em 26/8/2014, DJe 10/9/2014).

Por que, então, foi edificado no Superior Tribunal tratamento *sui generis* destinado justamente aos contratos bancários? Ora, se o entendimento sumular pelo menos aludisse a *todo e qualquer contrato*, especialmente aos contratos empresariais ou aqueles em que fossem verificadas matérias estritamente patrimoniais de cunho privado, talvez menos absurdo soasse o verbete. Não sendo assim, o enunciado sumular não faz o menor sentido, especialmente quando o argumento de sua justificação é de índole meramente formal, conforme comprova o aresto seguinte:

> [...]É pacífica a compreensão jurisprudencial no âmbito da eg. Segunda Seção desta Corte Superior de Justiça, consolidada no julgamento do Recurso Especial nº 1.061.530/RS, nos termos do procedimento dos recursos representativos da controvérsia (Código de Processo Civil, art. 543-C e Resolução nº 8/2008 do STJ), de que, embora aplicável o Código de Defesa do Consumidor nos contratos bancários, não é possível, de ofício, o reconhecimento da nulidade e, por conseguinte, a revisão de cláusulas contratuais consideradas abusivas, sob pena de ofensa ao princípio do tantum devolutum quantum apellatum.[...] (BRASIL, Superior Tribunal de Justiça.AgRg nos EDcl no REsp 1206203/RS, Rel. Ministro RAUL ARAÚJO, QUARTA TURMA, julgado em 16/5/2013, DJe 25/6/2013).

Certo é que, olvidando-se de causas menos nobres motivadoras do enunciado 381, fica clara a tradição liberalista, individual e patrimonialista ainda impregnada na Corte Superior, que está mais privilegiando o processo do que a norma material de consumo.

Como evidencia a melhor doutrina, a tradição do processo civil sempre apontou para uma ação individual, estando "deslocado" quando o assunto é tutela de massas (MANCUSO, 1994, p.192). E a tutela do consumidor, embora feita no âmbito de um processo individual, sempre tem tônica social, a partir da própria noção de massificação dos contratos, ou seja, o mesmo contrato pode render para milhares de consumidores idêntico malefício decorrente da mesma ou das mesmas cláusulas abusivas que rendeu a outro.

É também essa a observação de César Fiúza e Giordano Bruno Soares Roberto, ao analisarem que "foi a produção em massa que exigiu a comercialização em massa dos produtos, fazendo com que a contratação perdesse, sistematicamente, o caráter de livre e demorada negociação para ganhar caráter mais geral" (FIÚZA; ROBERTO, 2002, p.56).

Mas, além disso, convém trazer à colação o que o próprio Código Civil, já nascido em um ambiente de feição constitucional, aponta quanto ao regimento das nulidades nos negócios jurídicos:

> Art. 168. As nulidades dos artigos antecedentes podem ser alegadas por qualquer interessado, ou pelo Ministério Público, quando lhe couber intervir.
>
> Parágrafo único. As nulidades devem ser pronunciadas pelo juiz, quando conhecer do negócio jurídico ou dos seus efeitos e as encontrar provadas, não lhe sendo permitido supri-las, ainda que a requerimento das partes (BRASIL, 2002, *online*).

Sobre o alcance de tal dispositivo, Cesar Fiúza afirma categoricamente que "caberá ao juiz pronunciá-las de ofício se delas tomar conhecimento" (FIÚZA, 2013, p. 307). **Se no campo dos contratos regidos pelo Direito Civil as nulidades podem ser conhecidas de ofício, o que se pode imaginar no campo do Direito do Consumidor é que essa possibilidade não apenas também é possível, com pode e deve ser mais intensa.**

Não é demais ressaltar, nesse trilho, que as cláusulas contratuais ditas abusivas violam a ordem jurídica, razão pela qual são expressamente proibidas pelo Código de Defesa do Consumidor[31]. Logo, não é possível, ante a inope-

---

31 Art. 51. São nulas de pleno direito, entre outras, as cláusulas contratuais relativas ao fornecimento de produtos e serviços que: I - impossibilitem, exonerem ou atenuem a responsabilidade do fornecedor por vícios de qualquer natureza dos produtos e serviços ou impliquem renúncia ou disposição de direitos. Nas relações de consumo entre o fornecedor e o consumidor pessoa jurídica, a indenização poderá ser limitada, em situações

rância processual do consumidor que efetivamente tenha deixado de aludir à existência de nulidade contratual, que a jurisdição possa se calar, deixando e permitindo, muitas vezes conscientemente, que a cláusula abusiva seja convalidada pela preclusão ou pelo pretexto do *tantum devolutum quantum appellatum*.

É preciso que o Estado-Juiz assuma, sem medo e com prontidão, o papel de anular contratos e cláusulas tão logo verifique seu caráter abusivo ou sua discrepância com a equivalência material, independentemente de apontamento específico no bojo do processo civil, uma vez que a meta da jurisdição é tutelar a relação jurídica como um todo, da forma mais abrangente possível.

Se a proteção do consumidor é um princípio-direito fundamental que está a cargo do Estado, o Estado-Juiz deve fazê-la no sentido mais eficiente e otimizado que puder (ALEXY, 2012, p.90).

Ricardo Luis Lorenzetti coloca a questão do papel da jurisdição sob a ótica da justiça distributiva para que se observe o contrato em função dos seus reflexos econômicos, com a observância da decisão sob uma conjunção de aspectos tais como a garantia de igualdade, os reflexos contratuais sobre os demais consumidores e, por fim, a estrutura do sistema como um todo (LORENZETTI, 1998, p.554).

---

justificáveis; II - subtraiam ao consumidor a opção de reembolso da quantia já paga, nos casos previstos neste código; III - transfiram responsabilidades a terceiros; IV - estabeleçam obrigações consideradas iníquas, abusivas, que coloquem o consumidor em desvantagem exagerada, ou sejam incompatíveis com a boa-fé ou a equidade; VI - estabeleçam inversão do ônus da prova em prejuízo do consumidor; VII - determinem a utilização compulsória de arbitragem; VIII - imponham representante para concluir ou realizar outro negócio jurídico pelo consumidor; IX - deixem ao fornecedor a opção de concluir ou não o contrato, embora obrigando o consumidor; X - permitam ao fornecedor, direta ou indiretamente, variação do preço de maneira unilateral; XI - autorizem o fornecedor a cancelar o contrato unilateralmente, sem que igual direito seja conferido ao consumidor; XII - obriguem o consumidor a ressarcir os custos de cobrança de sua obrigação, sem que igual direito lhe seja conferido contra o fornecedor; XIII - autorizem o fornecedor a modificar unilateralmente o conteúdo ou a qualidade do contrato, após sua celebração; XIV - infrinjam ou possibilitem a violação de normas ambientais; XV - estejam em desacordo com o sistema de proteção ao consumidor; XVI - possibilitem a renúncia do direito de indenização por benfeitorias necessárias. § 1º Presume-se exagerada, entre outros casos, a vantagem que: I - ofende os princípios fundamentais do sistema jurídico a que pertence; II - restringe direitos ou obrigações fundamentais inerentes à natureza do contrato, de tal modo a ameaçar seu objeto ou equilíbrio contratual; III - se mostra excessivamente onerosa para o consumidor, considerando-se a natureza e conteúdo do contrato, o interesse das partes e outras circunstâncias peculiares ao caso (BRASIL, 1990).

Ainda segundo Ricardo Lorenzetti, dessa vez em outra obra, é necessária uma série de posturas do Estado-Juiz, como, por exemplo, a relativização dos pactos, a interpretação favorável das cláusulas contratuais duvidosas em favor do consumidor, a nulidade das cláusulas e pactos que, mesmo consentidas, revelem abusos, bem como o estabelecimento de uma igualdade material subjetiva quanto à fruição e à onerosidade do objeto do contrato (LORENZETTI, 2010, p.47).

Enzo Roppo, nessa linha, observa que há uma tendência em exigir uma nova postura do juiz, perante o enfrentamento das demandas que versam sobre contratos. Para ele, esse movimento

> [...]corresponde a um fenómeno - que parece caracterizar muitos ordenamentos contemporâneos *-de ampliação do poder do juiz* e de exaltação de sua capacidade de valorar factos e situações de modo responsável e autônomo, à luz de princípios gerais mais do que em aplicação mecânica de previsões legais analíticas e casuísticas (ROPPO, 2009, p.175).

E o que praticou o Superior Tribunal de Justiça e vem praticando a partir da Súmula 381 nada mais é do que uma demonstração de retrocesso do Tribunal, conforme o próprio Roppo argumenta:

> A teoria política do "contratualismo" mostra, assim, à evidência como o conceito de contrato pode ser utilizado, e foi historicamente utilizado, *com uma função ideológica*, quer dizer - uma vez que é este o significado técnico de "ideologia" - com uma função de parcial ocultamento ou disfarce da realidade, operado com o fim de melhor prosseguir ou tutelar determinados interesses. Mas isso resulta ainda mais claramente, e para nós mais significativa e relevantemente, se analisarmos as doutrinas e os princípios em matéria de contrato elaborados pela ciência jurídica e codificados pelos legisladores a partir do século passado, no apogeu da hegemonia política cultural da classe burguesa, e que - embora de várias formas contestados e abalados-, **ainda hoje continuam a exercer a sua influência** (ROPPO, 2009, p. 29-30, grifo nosso).

Destarte, na tutela dos contratos derivados das relações de consumo, não é preciso tantas reservas à intervenção de ofício do juiz, quando se tem claro um cenário que comumente apresenta sujeitos desiguais e ações lesivas em prejuízo do mais fraco. Ao contrário, a intervenção (protetiva e tutelar do consumidor) não é apenas um poder, mas um verdadeiro dever a cargo da jurisdição contratual de consumo.

5.2.5 Jurisdição contratual de consumo como pressuposto de efetivação de Direitos Fundamentais

Por meio da tutela jurisdicional dos contratos de consumo também se faz a tutela dos Direitos Fundamentais. É que os contratos de consumo englobam em seus objetos tudo aquilo que compõe um padrão de vida digna: da saúde à educação, da moradia ao acesso aos bens e serviços necessários à satisfação das necessidades de um mínimo existencial do ser humano.

A jurisdição, nesse sentido, tem dupla função positiva, quais sejam a de promover a **eficácia vertical** dos direitos fundamentais, fundada no cumprimento de seu dever de tutela do consumidor (art. 5º, inciso XXXII, da Constituição), bem como no próprio resultado (efetividade material) de sua atuação com reflexos entre os particulares, chamada de **eficácia horizontal** dos direitos fundamentais.

Tal como bem explica Ingo Wolfgang Sarlet, "para além de vincularem todos os poderes públicos, os direitos fundamentais exercem sua eficácia vinculante também na esfera jurídico-privada, isto é, no âmbito das relações jurídicas entre particulares" (SARLET, 2015, p.392).

Nas relações contratuais de consumo, considerando a fragilidade do consumidor contratante, especialmente determinada pela essencialidade ao consumidor do bem ou serviço contratado ou que pretende contratar, tanto para a dignidade de sua vida e da de sua família, a missão jurisdicional será decisiva para a eficácia dos direitos fundamentais envolvidos. Assim, para Fredie Didier,

> [...] não basta que o juiz promova, pura e simplesmente, a aplicação da norma geral e abstrata ao caso concreto. Atualmente, reconhece-se a necessidade de uma postura mais ativa do juiz, cumprindo-lhe compreender as particularidades do caso concreto e encontrar, na norma geral e abstrata, uma solução que esteja em conformidade com as disposições e normas constitucionais, mormente com os direitos fundamentais (DIDIER, 2015, p. 158).

Destarte, considerando o modelo econômico de iniciativa privada adotado pelo Brasil (art. 170, da Constituição), setores como a saúde, educação, moradia e, de uma forma geral, todos os bens necessários à sobrevivência, de remédios a alimentos, passam pelo contrato como rito obrigatório de passagem até chegar ao consumidor. Logo, se há violações jurídicas em tais contratos, consequentemente, em algum grau, haverá violações aos direitos fundamentais de que tratam os respectivos pactos.

Portanto, cabe à jurisdição ação positiva protetiva em prol do consumidor, e reguladora, restritiva e sancionadora em face do fornecedor, já que, como anota Ingo Sarlet,

> [...] a liberdade individual não apenas carece de proteção contra os Poderes Públicos, mas também contra os mais fortes no âmbito da sociedade, isto é, os detentores do poder social e econômico, já que é nesta esfera que as liberdades se encontram particularmente ameaçadas, como dão conta, entre tantos outros, os exemplos dos deveres de proteção na esfera das relações de trabalho e a proteção dos consumidores (SARLET, 2015, p.395).

Para uma melhor compreensão da violação e da própria eficácia dos direitos fundamentais no âmbito dos contratos de consumo, os tópicos seguintes abordarão algumas hipóteses mais recorrentes, que podem ser aplicadas e estendidas a uma miríade de outras situações típicas do cotidiano contratual consumerista.

5.2.5.1 Tutela contratual como pressuposto do Direito Fundamental à saúde

O direito à saúde é um pressuposto essencial ao direito à própria vida, tanto que a Declaração Universal dos Direitos Humanos prevê, no artigo XXV, que "todo ser humano tem direito a um padrão de vida capaz de assegurar-lhe, e a sua família, saúde e bem-estar[...]"(ORGANIZAÇÃO DAS NAÇÕES UNIDAS, 1948).

A Constituição Federal, nessa linha, assegura que a saúde é um Direito Social, ao prevê-lo no artigo 6º (BRASIL, 1988). Deve ainda ser considerado o fato de a saúde representar um verdadeiro dever para o Estado, senão vejamos: "Art. 196. A saúde é direito de todos e dever do Estado, garantido mediante políticas sociais e econômicas que visem à redução do risco de doença e de outros agravos e ao acesso universal e igualitário às ações e serviços para sua promoção, proteção e recuperação" (BRASIL, 1988, *online*).

Especialmente importante para o estudo desse tópico, no que toca ao Direito do Consumidor, é o fato da saúde ser, também, um campo aberto à exploração econômica do capitalismo, cujas portas foram franqueadas pelo texto constitucional, no artigo 199, o qual prevê que "a assistência à saúde é livre à iniciativa privada" (BRASIL, 1988).

Ao permitir a exploração econômica da saúde, o Estado brasileiro (inclusive a jurisdição) passou ao papel de regulador dessa atividade, por meio da interferência na Ordem Econômica e do interesse na promoção finalística da saúde.

O mercado privado de saúde no Brasil tem importante relevância, vez que o Sistema Público não consegue fazer face às necessidades da população. Assim é que, pela descrença nos serviços do Estado, o cidadão consumidor vem migrando para o setor privado, vinculando-se aos contratos de *plano de saúde.*

De outro lado, aqueles que foram desassistidos pelos planos de saúde fazem o caminho inverso e se sujeitam aos péssimos serviços públicos de saúde, tal como observa Clayton Maranhão:

> [...] o aumento da taxa de exclusão social diante de cláusulas abusivas de fixação inicial e reajuste das mensalidades dos planos privados de saúde transporta esses pseudocidadãos para o Sistema Único de Saúde, de sua vez precário e indigno em muitos aspectos da prestação dos serviços de assistência médico-hospitalar. A lógica do *ter* (os lucros visados pelas operadoras de planos de saúde) não pode preponderar sobre o *ser* (saúde humana e direito de acesso a tais serviços de assistência). Se há onerosidade excessiva, lesão contratual e negação de acesso ao serviço, isso se dá em desfavor do consumidor, jamais do fornecedor de tais planos. Note-se que entre o direito ao lucro e o direito à saúde, que antes de tudo é dever do Estado e por ele deve haver fiscalização administrativa e controle judicial, não há sequer um conflito de direitos fundamentais. Mesmo que houvesse, ninguém duvidaria em julgar pela preponderância do direito à saúde (MARANHÃO, 2003, p.230-231).

Esse tipo de contrato tem rendido para os tribunais e para os órgãos de regulação do Estado enormes desafios, porque neles, além da própria condição econômica desvantajosa em que se encontra o consumidor, uma simples recalcitrância contratual, por parte do fornecedor, tem o potencial de implicar não só questões financeiras, mas, primordialmente, ofensa ao direito à saúde e, não muito raro, à própria vida.

Cláudia Lima Marques entende que tais contratos são essencialmente finalísticos e que reclamam serem cumpridos fielmente, dentro dos devidos padrões de qualidade e adequação:

> [...] a prestação nos contratos de assistência médica ou de planos de saúde, quando necessária, deve ser fornecida com a devida qualidade, com a devida adequação, de forma que o contrato, que o serviço objeto do contrato unindo fornecedor e consumidor, possa atingir os fins que razoavelmente

> dele se esperam, fim contratual muito mais exigente do que a simples diligência (MARQUES, 2011, p.518).

Por essa razão é que o contrato que visa à aquisição de serviços de saúde deve ser tratado pela jurisdição com a máxima prioridade, atenção e efetividade, utilizando-se, sempre que necessário, o poder geral de cautela, sob pena de se impor ao consumidor sofrimento, desamparo e, de uma forma geral, a violação da indignidade humana; não raro, a própria vida.

5.2.5.2 Tutela contratual como pressuposto do Direito Fundamental à moradia

Há um cenário histórico de déficit habitacional no Brasil, e as famílias brasileiras, até mesmo as da classe média, especialmente nas últimas duas décadas, passaram a adquirir imóveis para a finalidade de moradia por meio da contratação de financiamento.

Tais contratos, tradicionalmente celebrados com Instituições Financeiras públicas, a exemplo da Caixa Econômica Federal, passaram, especialmente após o Plano Real, a serem difundidos por todo o sistema financeiro privado, inclusive, sob a forma de consórcios imobiliários administrados por conglomerados bancários e por empresas especializadas no ramo.

Nesse sentido, Bruno Miragem destaca que

> A relevância dos contratos imobiliários é evidente. O direito à moradia e sua presença no imaginário das pessoas, muitas vezes como projeto de vida, objetivo para o qual se dirigem grandes esforços financeiros comuns da família, indicam um tranço social inafastável de muitos destes contratos (MIRAGEM, 2010, p. 268).

Uma particularidade desses contratos é que eles não apenas são de longa, mas de longuíssima duração, assumindo substancialmente um *caráter vitalício.*

É que tais contratos são baseados no pagamento do preço financiado em parcelas mensais, as quais demandam, não raro, dez, vinte, trinta anos para serem quitadas. Durante todo esse período, muitos acontecimentos na vida econômica em geral e na vida econômica do próprio consumidor ensejam toda espécie de inconvenientes e circunstâncias que podem vir, sob um olhar meramente formal do contrato, determinar a violação do Direito Fundamental de moradia em homenagem ao caráter obrigacional decorrente do contrato.

Daí a afirmação de que o contrato e sua tutela passam a ter efeito imediato sobre o direito à moradia. Paradoxalmente, tanto o contrato como o próprio objeto, ou seja, a propriedade imóvel, interligam suas funções sociais em uma simbiose que deve ser objeto de tutela jurisdicional.

Para Ricardo Luiz Lorenzentti, o acesso à casa própria constitui um "princípio cardeal" que deve ter a proteção dos "três Poderes do Estado", observando que deve ser evitado "tudo aquilo que impeça um 'real acesso' à casa própria, como por exemplo, dificuldades na obtenção de créditos[...]" (LORENZETTI, 1998, p.100).

Consequentemente, estando o contrato já instalado e operando efeitos concretos que impliquem prejuízo ao direito à moradia, a interpretação deve estar atenta à relevância do bem jurídico em questão e de sua magnitude para ordenamento civil e constitucional.

Não deve ser perdida a noção de que a jurisdição pode atuar no remodelamento do pacto considerando circunstâncias que permitam ao consumidor readquirir o máximo das condições iniciais que o levou a contratar. E não se deve perder de vista, na conformidade do artigo XXV, que "todo ser humano tem direito a um padrão de vida capaz de assegurar-lhe, e a sua família, [...] habitação" (ORGANIZAÇÃO DAS NAÇÕES UNIDAS, 1948).

Portanto, a aplicação dos institutos da *modificação* e da *revisão* contratual (artigo 6º, inciso V, do Código de Defesa do Consumidor) ao lado da *teoria do adimplemento substancial*, são elementos vitais para o estabelecimento de uma ponderação adequada, sopesando-se, no caso concreto, todas as circunstâncias que melhor favoreçam o consumidor e que, de uma forma equilibrada, lhe garanta a preservação do contrato[32], que nada mais será do que a preservação do próprio Direito Fundamental à moradia.

5.2.5.3 Tutela contratual como pressuposto do Direito Fundamental à educação

Tal como acontece com a saúde, a educação está aberta à exploração econômica e também se configura como um Direito Fundamental descrito no

32 Recomenda-se a leitura de *A renovação dos contratos cativos de longa duração e a hermenêutica a favor do consumidor*, que é um tópico interessante discorrido por Cláudia Lima Marques, por guardar pertinência temática com assunto abordado nesta obra. Ainda sobre o tema, há o tópico *"Os contratos cativos e de longa duração"* (MARQUES, 2011).

caput do artigo 6º, da Constituição Federal, dentro dos Direitos Sociais. Ainda no mesmo compasso do que ocorre com a saúde, "o ensino é livre à iniciativa privada[...]", de acordo com o texto do artigo 209, da Constituição (BRASIL, 1988).

Nos dizeres de Bruno Miragem,

> Os contratos de prestação de serviços educacionais assumem crescente importância no mercado de consumo. A sociedade de consumo contemporânea é também a sociedade da informação e do conhecimento. Daí porque a busca pela qualificação pessoal, mediante a contratação de serviços de ensino, tornou-se objeto de relações de consumo cada vez mais onerosas. E aqui sejam citados tanto a prestação de serviços de educação formal, quanto cursos de aperfeiçoamento, ensino de idiomas, cursos de preparação técnica, de ensino de técnicas esportivas, dentre outros (MIRAGEM, 2010, p. 334).

Mas o propósito da educação é muito maior do que apenas garantir uma formação profissional que alavanque a pessoa a melhores condições de emprego. Para além disso, a educação é alavanca propulsora de cidadania e da integração da pessoa ao contexto participativo, político, inclusive na vida social.

Por tal razão, os contratos destinados a reger a prestação de serviços educacionais devem receber especial atenção da jurisdição, e algumas casuísticas são também relevantes em tais contratos, merecendo destacada atenção. É que tanto os alunos da rede particular de ensino fundamental quanto os da graduação e, por que não dizer da pós-graduação, são alvos, em potencial, de coações morais, que não raro se materializam em punições de caráter pedagógico, como a proibição de acesso às bibliotecas, negativa de acesso ao histórico e a outros documentos escolares ou acadêmicos, chegando, até mesmo, a ocorrer a proibição de realização de avaliações, atividades escolares ou acadêmicas, bem como a proibição de acesso às dependências do estabelecimento educacional.

Nesse passo, garantir a maior razoabilidade possível entre o caráter econômico de tais contratos e a fundamentalidade de seu objeto representa o ponto de equilíbrio necessário como garantia de que a educação não seja apenas uma mercadoria a serviço do capital.

Registre-se que há um compromisso brasileiro para a educação na Declaração Universal dos Direitos Humanos:

> A PRESENTE DECLARAÇÃO UNIVERSAL DOS DIREITOS HUMANOS como o ideal comum a ser atingido por todos os povos e todas as

> nações, com o objetivo de que cada indivíduo e cada órgão da sociedade, tendo sempre em mente esta Declaração, se esforce, por meio do ensino e da educação, por promover o respeito a esses direitos e liberdades, e, pela adoção de medidas progressivas de caráter nacional e internacional, por assegurar o seu reconhecimento e a sua observância universal e efetiva, tanto entre os povos dos próprios Estados-Membros, quanto entre os povos dos territórios sob sua jurisdição (ORGANIZAÇÃO DAS NAÇÕES UNIDAS, 1948, *online*).

A cargo da jurisdição, portanto, está a proteção do contrato educacional, enquanto mecanismo da própria efetivação de um Direito Humano. Nesse sentido, Cláudia Lima Marques é enfática ao afirmar que

> Os direitos fundamentais seriam as novas "normas fundamentais", e estes direitos constitucionais influenciariam no novo direito privado, a ponto de o direito civil assumir um novo papel social, como limite, como protetor do indivíduo e como inibidor de abusos (MARQUES, 2011, p.613).

Importa destacar que a educação é, em si mesma, um fim perseguido pelo próprio Direito do Consumidor[33], porquanto, a partir dele, o ser humano passa a construir suas próprias ferramentas defensivas, debelando, em certa medida, os efeitos de sua vulnerabilidade em relação ao próprio fornecedor.

Isso é Política de Estado que também toca à jurisdição.

5.2.5.4 Tutela contratual como pressuposto do Direito Fundamental à propriedade dos bens necessários a uma vida digna

De uma forma geral, a dignidade humana confunde-se com o próprio modelo de dignidade capitalista, fundado no acesso e no gozo da propriedade de bens e serviços. Afora a saúde, a moradia e a educação, já citadas, há uma miríade incontável de determinadas propriedades de bens e serviços sem os quais seria impensada a vida contemporânea.

---

33 Conforme dispõe o Código de Defesa do consumidor: "Art. 4º A Política Nacional das Relações de Consumo tem por objetivo o atendimento das necessidades dos consumidores, o respeito à sua dignidade, saúde e segurança, a proteção de seus interesses econômicos, a melhoria da sua qualidade de vida, bem como a transparência e harmonia das relações de consumo, atendidos os seguintes princípios: [...] IV - educação e informação de fornecedores e consumidores, quanto aos seus direitos e deveres, com vistas à melhoria do mercado de consumo; Art. 6º São direitos básicos do consumidor:[...] II - a educação e divulgação sobre o consumo adequado dos produtos e serviços, asseguradas a liberdade de escolha e a igualdade nas contratações;" (BRASIL, 1990).

Considerando a absorção estatal do modelo econômico capitalista, até pelo que dita o artigo 170, da Constituição Federal, a atividade de produção dos bens de consumo tornou-se um privilégio da indústria e de todos aqueles (pouquíssimos) que detêm o comando das estruturas fabris, bem como o privilégio[34] e a proteção jurídica de projetos, fórmulas, inventos, nomes e símbolos dos produtos e, até mesmo, do monopólio de matérias-primas, como acontece aos detentores de direitos de exploração de jazidas minerais, inclusive de água.

Logo, o ciclo fabril desenvolve-se impulsionado pela demanda dos consumidores, mas, nem por isso, a demanda exerce sobre o fabrico qualquer tipo de poder ou qualquer tipo de recusa. Domenico de Masi, ao listar algumas características da sociedade industrial, coloca entre elas a "sincronização do homem não mais de acordo com os ritmos e os tempos da natureza, mas com os incorporados pelas máquinas", bem como o "aumento da produção de massa e aumento do consumismo" (DE MASI, 1999, p. 17-18).

Parece que as estruturas da indústria ganharam vida própria e que, do outro lado, no campo consumerista, evidenciou-se, principalmente na contemporaneidade, uma dependência substancial da sociedade de consumo quanto àquilo que a indústria pode lhe oferecer: de remédios a vestimentas, de mobilidades a meios de comunicação, de alimentos a água, de entretenimento a habitação, tudo isso compondo o liame de dependência contratual entre o consumidor e o fornecedor.

Até mesmo as artes, os museus, os concertos, a música, o esporte, o próprio leito de morte[35] e até depois dela, tudo que cerca a sociedade e seus indivíduos parece, necessariamente, passar pelo que a indústria tem a oferecer.

---

34 Pondera, entretanto, Leonardo Macedo Poli, acerca da necessidade de uma "funcionalidade" do direito autoral, razão pela qual tal direito pode ser relativizado de forma a contribuir para uma ação transformadora e útil individual e socialmente (POLI, 2008, p.163).

35 Em belíssima passagem, Cláudia Lima Marques expõe que: "O homem pós-moderno é um sujeito de direito até na morte: quer uma morte independente, que não onere seus familiares, que não "incomode" em demasia. Este sujeito de direito quer uma morte "semiplanejada", planejada e decidida por ele, pelo menos nos aspectos econômicos e legais, que podem dominar neste momento. Para alcançar essa segurança da morte digna, aceita contratar, prever, transferir tarefas a terceiros que – confia – realizarão seus serviços com qualidade e boa-fé, acompanhando-o neste último contrato de consumo, a garantir um enterro digno, serviços funerários de qualidade e um fim apropriado para a imagem que forjou de si próprio" (MARQUES, 2011, p. 525).

A lógica do capital também se apoderou das expressões da alma, da criação, estipulando valor financeiro para tudo. Pertinente, portanto, Fábio Konder Comparato, em referência ao capitalismo contemporâneo, quando afirma que "instituiu-se a propriedade sobre as matrizes da vida" (COMPARATO, 2013, p.555).

Dessa forma, se o acesso à propriedade deve passar pelo pressuposto econômico, há uma séria dificuldade em se promover um pensamento que concilie o acesso de todos à propriedade dos bens de consumo, máxime em relação àqueles que não se encontram em vias de preenchimento do requisito econômico, seja pelo desemprego, seja pela insuficiência de renda, ou por qualquer outro motivo de insucesso na obtenção do capital.

Nessa senda é o entendimento de Ricardo Sayeg e Wagner Balera:

> [...]inaceitável o posicionamento de quem precifica a dignidade da pessoa humana, sustentando-se tratar-se de um direito-custo. Forçoso é concluir, então, que o direito humano corresponde naturalmente à dignidade da pessoa humana, e, por desdobramento, à dignidade planetária - síntese dos direitos subjetivos inatos de liberdade, igualdade e fraternidade do homem todo e de todos os homens, imanentes ao planeta - vigente, eficaz e independente de positivação, uma vez que o "direito inato é aquele que pertence a todos por natureza" (SAYEG; BALERA, 2011, p. 116-117).

Com acerto, a visão dos autores remete-nos a um dimensionamento da condição humana para bem além dos valores pregados pela teoria econômica. No entanto essa afirmação levada a efeito de forma totalitária implicaria necessidade de um rompimento com a realidade posta e com os modelos socioeconômico e o político vigentes, lastreados na economia de mercado, na livre iniciativa e no capitalismo.

A realidade contemporânea do Estado, da política e da própria sociedade no seu domínio privado está consolidada nos pilares do capitalismo. É dentro desse cenário que se deve atuar, pois o Direito não antecede à sociedade, mas a sucede. Embora fosse instigante "projetar" uma sociedade perfeita, ao Direito não é dada essa missão, muito menos à jurisdição. Como bem ressoa da poesia de Carlos Drummund de Andrade: "O tempo é a minha matéria, o tempo presente, os homens presentes, a vida presente" (ANDRADE, 2012, p. 34).

Por isso, a missão da jurisdição, na medida em que se deparar com o contrato de consumo, é a de agir para que o consumidor possa alcançar aquilo que lhe seja indispensável à sua dignidade, fazendo, para tanto, um exercício de enorme ponderação.

Não por outro motivo é que Robert Alexy, no plano principiológico, propõe um modelo de não exclusão, que possa acomodar, em matéria de Direitos Fundamentais, propostas colidentes ou aparentemente colidentes. Assim, podemos identificar que, na verdade, tudo gira em torno do Direito Fundamental à propriedade (princípio da função social da propriedade). A diferença está na perspectiva subjetiva de tal direito: se em relação ao consumidor ou se em relação ao fornecedor (ALEXY, 2011, p.93-94).

Na seara do fornecedor, a tendência é a de se invocar a prevalência dos valores da livre iniciativa e da ordem econômica. Já na esteira consumerista, busca-se o acesso à propriedade como pressuposto da dignidade humana.

Para Alexy, a questão se resolve não pela exclusão de quaisquer dos princípios, mas sim pelo peso que cada um terá no caso concreto. Assim, o princípio ou princípios de maior ponderação irão prevalecer (ALEXY, 2011, p.94).

Portanto, essa será uma análise eminentemente casuística que deverá fazer a jurisdição contratual de consumo, de forma a cotejar a necessidade de satisfação das necessidades dos consumidores com as diretrizes da ordem econômica capitalista. A jurisdição, ao desempenhar seu papel de cotejo e reflexão, deverá sempre ter em mente que os direitos dos consumidores estão alocados na Declaração Universal dos Direitos Humanos como Direitos Sociais Econômicos. É a previsão do texto do artigo XXII:

> Toda pessoa, como membro da sociedade, tem direito à segurança social e à realização, pelo esforço nacional, pela cooperação internacional e de acordo com a organização e recursos de cada Estado, dos direitos econômicos, sociais e culturais indispensáveis à sua dignidade e ao livre desenvolvimento da sua personalidade (ORGANIZAÇÃO DAS NAÇÕES UNIDAS, 1948, *online*).

Logo, para a tarefa de ponderação, deve ser levado em conta pela jurisdição que a essência da tutela consumerista carrega consigo o viés de Direito Humano. Destarte, a acomodação das tensões resultantes dos interesses de fornecedores e consumidores, à luz dos Direitos Humanos, encontra um direcionamento proposto por Ricardo Sayeg e Wagner Balera, que bem resume o entendimento desta obra para a tutela contratual de consumo:

> Estamos convencidos, outrossim, de que a melhor resposta ao capitalismo liberal se dá por meio da concretização do capitalismo com direitos

> humanos, jamais pela negação do capitalismo ou, menos ainda, ceifando as liberdades negativas - parte da essência humana e asseguradas pelo direito subjetivo natural de propriedade que compreende, afinal, os direitos humanos exteriores de primeira dimensão. [...] o Direito Econômico Humano Tridimensional estabelece o equilíbrio reflexivo entre o regime capitalista e a fraternidade, em favor de todos e de tudo, em especial dos economicamente excluídos e do planeta (SAYEG; BALERA, 2011, p.214).

Até mesmo dentro do pensamento civilista, materializado nos escritos de Pietro Perlingieri, é possível observar uma evolução da cultura da propriedade de bens, sob uma perspectiva mais arrefecida no que toca ao patrimônio e sua alienação econômica:

> Em um ordenamento que se caracteriza pela socialidade e que legitima a superação individualista do indiferente jurídico [...], o próprio regime jurídico - ainda que representado por princípios e não por normas regulamentares - deve concernir às utilidades individuais e sociais. Isso permite considerar juridicamente relevantes não somente os bens patrimoniais, mas também aqueles que são protegidos prescindindo da própria relevância econômica. A relevância pode-se configurar também no regime de circulação do bem, das modalidades de acesso, ou seja, no regime de vicissitudes que lhe interessam (PERLINGIERI, 2007, p. 236).

Nesse mesmo sentido, convém observar o que diz Andrea Marighetto acerca da ideia de acesso ao contrato:

> O contrato assume, destarte, uma nova conotação: de mero instrumento de circulação de riqueza, passa a valer como verdadeiro bem. Entende-se que, no âmbito das relações que tendem a excluir sempre mais a participação do indivíduo, a cláusula que permite o acesso ao próprio exercício do Direito reveste-se de especial importância (MARIGHETTO, 2012, p. 165).

A partir de tais visões, portanto, o Estado, como centro agregador das forças individuais e sociais, dentro da ideia de fraternidade, ou seja, o todo por todos, se torna o devedor[36] do Direito Fundamental de propriedade dos bens de consumo, em uma tarefa multifacetária de não apenas prover diretamente o acesso dos consumidores a tais bens, como ocorre em programas humanitários ou emergenciais contra a fome e contra a miséria, mas, também, assegurar jurisdicionalmente os meios contratuais justos para tanto.

---

36 Ricardo Luis Lorenzetti afirma que o Estado é o sujeito passivo "obrigado principal e tradicional" dos Direitos Fundamentais (LORENZETTI, 1998, p.157).

5.3 Tutela coletiva

Tem sido defendida nesta obra a necessidade de que a jurisdição atue não apenas de forma reativa no âmbito do conflito individual, pois o consumidor não está isolado ou destacado de um contexto bem mais amplo, ou seja, a própria sociedade de consumo.

Logo, a proposta é a de que a jurisdição protagonize a transformação nas relações de consumo, de forma que cada caso seja utilizado como uma oportunidade de concretizar direitos, fazer cessar abusos e ainda servir de paradigma desencorajador para futuras violações jurídicas.

Com olhos posto no papel transformar da jurisdição, Jônatas de Paula defende que

> [...] a satisfação do direito passa a ter importância político-social na realização concreta da jurisdição, seja por fazer respeitar os comandos do Estado-Juiz, seja por fazer distribuir e circular rendas e bens de consumo, que representariam o desenvolvimento econômico necessário para impulsionar transformações sociais visadas no artigo 3º da Constituição Federal (PAULA, 1999, p.147).

Fato é que, se na tutela individual a atuação jurisdicional representa uma oportunidade de transformação para melhora da sociedade de consumo, na tutela coletiva, os resultados são exponencialmente maiores.

Os contratos de consumo, longe de serem acontecimentos eventuais, constituem a tônica da vida contemporânea, enquanto pressuposto de acesso aos bens e serviços necessários a uma vida minimamente digna. Logo, os contratos de consumo são verdadeiros fenômenos sociais (coletivos) que devem receber tratamento jurídico adequado e, acima de tudo, eficaz.

Convém destacar que o Brasil é um país com mais de duzentos milhões consumidores, que foram alçados ao consumo nas últimas décadas pelo avanço do processo de industrialização, de expansão do crédito e de difusão comercial, protagonizado, em grande parte, pelas tecnologias da informação. Alie-se a tudo isso a incapacidade de o Estado regular administrativamente as atividades de fornecimento e o esgotamento da capacidade jurisdicional, frente às demandas individuais, e o resultado será um cenário que está reclamando a proteção contratual do consumidor, dentro de uma estratégia e de uma visão coletivista.

A propósito do tema, Rizzato Nunes afirma que

> O CDC permite a proteção dos consumidores em larga escala, mediante ações coletivas e ações civis públicas. É por elas que o consumidor poderá ser protegido. Aliás, parece-nos que, pelo menos nas questões de competência da Justiça Estadual, aos poucos é verdade (e no caso brasileiro, não era de se esperar de outra forma que o CDC demorasse para ter implementação), começa-se a ter consciência da importância da ação coletiva, quer proposta pelo Ministério Público, quer proposta pelas Associações de Defesa do Consumidor, porque começa-se a perceber que, de fato, o fundamento primordial da Lei n. 8.078, nas questões processuais, é exatamente este de controlar como um todo as ações dos fornecedores (NUNES, 2012, p. 792).

Destarte, segundo o Código de Defesa do Consumidor, em seu artigo 81, a "defesa dos interesses e direitos dos consumidores e das vítimas poderá ser exercida em juízo individualmente, ou a título coletivo" (BRASIL, 1990). Mas o Código, ainda no artigo 81, anota três categorias de consumidores, para efeito de defesa coletiva, quais sejam:

> I - interesses ou direitos difusos, assim entendidos, para efeitos deste código, os transindividuais, de natureza indivisível, de que sejam titulares pessoas indeterminadas e ligadas por circunstâncias de fato;
>
> II - interesses ou direitos coletivos, assim entendidos, para efeitos deste código, os transindividuais, de natureza indivisível de que seja titular grupo, categoria ou classe de pessoas ligadas entre si ou com a parte contrária por uma relação jurídica base;
>
> III - interesses ou direitos individuais homogêneos, assim entendidos os decorrentes de origem comum (BRASIL, 1990, *online*).

Esse arquétipo é realmente o da sociedade de massa, das contratações de massa. Daí a importância de tê-los protegidos pela tutela coletiva, na medida em que um só fato, um só contrato, uma só cláusula tem o poder de atingir diversas pessoas, ensejando incontáveis ações judiciais individuais.

Como defende Bruno Miragem, "[...] assim como as relações jurídicas tornaram-se massificadas, os conflitos dela decorrentes assumem este mesmo caráter, dando ensejo a conflitos de massa[...]" (MIRAGEM, 2010, p.458).

Dessa forma, a tutela coletiva do consumidor será estudada tanto como um fator potencializador do alcance da tutela contratual de consumo quanto um fator de prevenção e redução das demandas, inclusive daquelas demandas reprimidas decorrentes do não exercício da ação individual.

5.3.1 Maximização da legitimação ativa: o caso da legitimação da Defensoria Pública como pressuposto de acesso do consumidor à tutela jurisdicional coletiva

Toda espécie de ação e toda espécie de ação coletiva podem ser adotadas para a missão de tutelar jurisdicionalmente os contratos de consumo. No plano coletivo, Rodolfo de Camargo Mancuso chega a abordar acerca de uma nova concepção de jurisdição que se caracterizou por se substituir aos indivíduos, passando a "[...]instrumento de realização *efetiva* ordem jurídica[...]", o que inclui, na sua visão, "[...] os interesses de certas 'massas', como os consumidores[...]" (MANCUSO, 1994, p.128).

Com o processo de abertura democrática, promovido pela Constituição Federal, e esse é o sentido da Constituição, a Lei da Ação Civil Pública (nº **7.347/1985)**, veículo primordial da tutela coletiva do consumidor, sofreu diversas alterações, com destaque para aquela em que a Defensoria Pública passou a deter a legitimidade para a propositura da ação civil pública:

> Art. 5ºTêm legitimidade para propor a ação principal e a ação cautelar:
>
> I - o Ministério Público;
>
> II - a Defensoria Pública;
>
> III - a União, os Estados, o Distrito Federal e os Municípios;
>
> IV - a autarquia, empresa pública, fundação ou sociedade de economia mista;
>
> V - a associação que, concomitantemente:
>
> a) esteja constituída há pelo menos 1 (um) ano nos termos da lei civil;
>
> b) inclua, entre suas finalidades institucionais, a proteção ao patrimônio público e social, ao meio ambiente, ao consumidor, à ordem econômica, à livre concorrência, aos direitos de grupos raciais, étnicos ou religiosos ou ao patrimônio artístico, estético, histórico, turístico e paisagístico (BRASIL, 1985, *online*).

Referida legitimação foi importantíssima para a tutela coletiva do consumidor, uma vez que a Defensoria é Função Essencial à Justiça, assim vocacionada institucionalmente, nos termos da sua Lei Complementar nº 80/1994:

> Art. 1ºA Defensoria Pública é instituição permanente, essencial à função jurisdicional do Estado, incumbindo-lhe, como expressão e instrumento do regime democrático, fundamentalmente, a orientação jurídica, a pro-

> moção dos direitos humanos e a defesa, em todos os graus, judicial e extrajudicial, dos direitos individuais e coletivos, de forma integral e gratuita, aos necessitados, assim considerados na forma do inciso LXXIV do art. 5º da Constituição Federal (BRASIL, 1994, *online*).

Pois bem, como descrito no início deste tópico, a tutela coletiva do consumidor pode ser exercida a propósito de três categorias ou grupos que integram os direitos e *interesses difusos, coletivos* e *individuais homogêneos*. No entanto, para o Superior Tribunal de Justiça, a Defensoria Pública somente está legitimada, em se tratando de interesses coletivos em sentido estrito ou individuais homogêneos, diante de grupos determinados de consumidores, ou seja, pessoas notadamente necessitadas. Eis o teor do lamentável acórdão:

> PROCESSUAL CIVIL. AÇÃO CIVIL PÚBLICA. EMBARGOS INFRINGENTES.
>
> LEGITIMIDADE DA DEFENSORIA PÚBLICA PARA A PROPOSITURA DE AÇÃO CIVIL PÚBLICA. LIMITADOR CONSTITUCIONAL. DEFESA DOS NECESSITADOS. PLANO DE SAÚDE. REAJUSTE. GRUPO DE CONSUMIDORES QUE NÃO É APTO A CONFERIR LEGITIMIDADE ÀQUELA INSTITUIÇÃO.
>
> 1. São cabíveis embargos infringentes quando o acórdão não unânime houver reformado, em grau de apelação, a sentença de mérito, ou houver julgado procedente a ação rescisória (CPC, art. 530). Excepcionalmente, tem-se admitido o recurso em face de acórdão não unânime proferido no julgamento do agravo de instrumento quando o Tribunal vier a extinguir o feito com resolução do mérito.
>
> 2. Na hipótese, no tocante à legitimidade ativa da Defensoria Pública para o ajuizamento de ação civil pública, não bastou um mero exame taxativo da lei, havendo sim um controle judicial sobre a representatividade adequada da legitimação coletiva. Com efeito, para chegar à conclusão da existência ou não de pertinência temática entre o direito material em litígio e as atribuições constitucionais da parte autora acabou-se adentrando no terreno do mérito.
>
> 3. A Defensoria Pública, nos termos do art. 134 da CF, "é instituição essencial à função jurisdicional do Estado, incumbindo-lhe a orientação jurídica e a defesa, em todos os graus, dos necessitados, na forma do art. 5º, LXXIV". É, portanto, vocacionada pelo Estado a prestar assistência jurídica integral e gratuita aos que "comprovarem insuficiência de recursos" (CF, art.5º, LXXIV), dando concretude a esse Direito Fundamental.

> 4. Diante das funções institucionais da Defensoria Pública, há, sob o aspecto subjetivo, limitador constitucional ao exercício de sua finalidade específica - "a defesa dos necessitados" (CF, art. 134) -, devendo os demais normativos serem interpretados à luz desse parâmetro.
>
> 5. A Defensoria Pública tem pertinência subjetiva para ajuizar ações coletivas em defesa de interesses difusos, coletivos ou individuais homogêneos, sendo que no tocante aos difusos, sua legitimidade será ampla (basta que possa beneficiar grupo de pessoas necessitadas), haja vista que o direito tutelado é pertencente a pessoas indeterminadas. No entanto, em se tratando de interesses coletivos em sentido estrito ou individuais homogêneos, diante de grupos determinados de lesados, a legitimação deverá ser restrita às pessoas notadamente necessitadas.
>
> 6. No caso, a Defensoria Pública propôs ação civil pública requerendo a declaração de abusividade dos aumentos de determinado plano de saúde em razão da idade.
>
> 7. Ocorre que, ao optar por contratar plano particular de saúde, parece intuitivo que não se está diante de consumidor que possa ser considerado necessitado a ponto de ser patrocinado, de forma coletiva, pela Defensoria Pública. Ao revés, trata-se de grupo que ao demonstrar capacidade para arcar com assistência de saúde privada evidencia ter condições de suportar as despesas inerentes aos serviços jurídicos de que necessita, sem prejuízo de sua subsistência, não havendo falar em necessitado.
>
> 8. Diante do microssistema processual das ações coletivas, em interpretação sistemática de seus dispositivos (art. 5°, § 3°, da Lei n. 7.347/1985 e art. 9° da Lei n. 4.717/1965), deve ser dado aproveitamento ao processo coletivo, com a substituição (sucessão) da parte tida por ilegítima para a condução da demanda. Precedentes.
>
> 9. Recurso especial provido.
>
> (BRASIL, Superior Tribunal de Justiça. REsp 1192577/RS, Rel. Ministro LUIS FELIPE SALOMÃO, QUARTA TURMA, julgado em 15/5/2014, DJe 15/8/2014).

Mais uma vez, na contramão da história e fomentando o retrocesso, o Superior Tribunal de Justiça impôs redução ao âmbito de atuação da Defensoria Pública, prejudicando diversos consumidores. O critério adotado pelo Tribunal foi apenas, única e exclusivamente o econômico.

Entretanto, em matéria de consumo, o aspecto econômico é apenas um de inúmeros outros aspectos e situações que colocam até mesmo os ricos e pessoas da classe média alta em situação de vulnerabilidade. Além disso, o olhar do Tribunal Superior foi angusto para a questão social que se entremeia aos interesses individuais de cada um dos grupos.

Importa salientar que o grande objetivo da ação e da tutela coletiva é o da racionalidade do processo e do amplo âmbito de realização material de sua tutela. Nesse sentido, Bruno Miragem, acerca da legitimação defensorial, mesmo antes até da inclusão da Instituição no rol dos legitimados expressos na lei, já defendia que "a utilidade da tutela coletiva nestes casos não apenas vem em benefício dos representados, quanto mesmo em favor do próprio Poder Judiciário, em vista da economia processual a ser realizada" (MIRAGEM, 2010, p.474).

Indaga-se se de fato há suficiência ou hipersuficiência financeira dos consumidores contratantes de planos de saúde, como foi o caso do aresto anteriormente transcrito, em relação à operadora do aludido plano? Tudo indica que não há e, mesmo que houvesse, o que vulnera e torna carente o consumidor no caso examinado não é a disponibilidade ou não de dinheiro ou outra forma de patrimônio, mas sim a condição de dependência dos serviços de saúde.

Como se não bastasse, a Associação Nacional dos Membros do Ministério Público (CONAMP) ajuizou uma ação direta de inconstitucionalidade visando a extirpar a Defensoria Pública do plano da legitimação para a promoção da ação civil pública.

A visão obtusa dos membros do Ministério Público, representados pela associação autora, sugere muito mais do que um equívoco grotesco do ponto de vista jurídico. Na verdade, a proposta da entidade visou a limitar um canal de acesso dos consumidores e de outros grupos de cidadãos à justiça, tais como crianças, adolescentes, idosos, pessoas com necessidades especiais etc., em nome do desejo de manter para o Ministério Público uma casta de poder.

Em boa hora, todavia, o Supremo Tribunal Federal, *realinhou a órbita dos planetas,* e rechaçou exemplarmente a proposta, conforme o acórdão assim redigido:

> EMENTA: AÇÃO DIRETA DE INCONSTITUCIONALIDADE. LEGITIMIDADE ATIVA DA DEFENSORIA PÚBLICA PARA AJUIZAR AÇÃO CIVIL PÚBLICA (ART. 5º, INC. II, DA LEI N. 7.347/1985, ALTERADO PELO ART. 2º DA LEI N. 11.448/2007). TUTELA DE INTERESSES TRANSINDIVIDUAIS (COLETIVOS STRITO SENSU E DIFUSOS) E INDIVIDUAIS HOMOGÊNEOS. DEFENSORIA PÚBLICA: INSTITUIÇÃO ESSENCIAL À FUNÇÃO JURISDICIONAL. ACESSO À JUSTIÇA.

> NECESSITADO: DEFINIÇÃO SEGUNDO PRINCÍPIOS HERMENÊUTICOS GARANTIDORES DA FORÇA NORMATIVA DA CONSTITUIÇÃO E DA MÁXIMA EFETIVIDADE DAS NORMAS CONSTITUCIONAIS: ART. 5º, INCS. XXXV, LXXIV, LXXVIII, DA CONSTITUIÇÃO DA REPÚBLICA. INEXISTÊNCIA DE NORMA DE EXCLUSIVIDADE DO MINISTÉRIO PÚBLICO PARA AJUIZAMENTO DE AÇÃO CIVIL PÚBLICA. AUSÊNCIA DE PREJUÍZO INSTITUCIONAL DO MINISTÉRIO PÚBLICO PELO RECONHECIMENTO DA LEGITIMIDADE DA DEFENSORIA PÚBLICA. AÇÃO JULGADA IMPROCEDENTE. (BRASIL, Supremo Tribunal Federal. ADI 3943, Relatora:Min. CÁRMEN LÚCIA, Tribunal Pleno, julgado em 7/5/2015, ACÓRDÃO ELETRÔNICO DJe-154 DIVULG 5-8-2015 PUBLIC 6-8-2015).

Portanto, ao cabo, gostando ou não alguns setores da elite jurídica, o fato é que a Defensoria Pública não apenas teve reconhecida sua legitimidade para a tutela coletiva como, também, viu na fundamentação[37] do julgado consolidar-se a ideia de que os conceitos[38] de carência e pobreza não podem ser reduzidos a uma definição econômica, mas, primordialmente, fenomenológica, típica das novas formas de opressão da contemporaneidade.

Afinal, como expõe Edgar Morin, pobreza é "um enfraquecimento das potencialidades de escolha, como a ausência de controle sobre sua condição e seu destino" (MORIN, 2013, p.148). Ora, isso não é outra coisa senão a própria condição do sujeito consumidor, que é verdadeiramente pobre, tendo ou não boas condições econômicas.

---

37 Segundo a Relatora, Ministra Carmen Lúcia, em trecho de seu voto, "condicionar a atuação da Defensoria Pública à comprovação prévia da pobreza do público-alvo diante de situação justificadora do ajuizamento de ação civil pública (conforme determina a Lei n. 7.347/1985) parece-me incondizente com princípios e regras norteadores dessa instituição permanente e essencial à função jurisdicional do Estado, menos ainda com a norma do art. 3º da Constituição da República [...]. O custo social decorrente da negativa de atendimento de determinada coletividade ao argumento de hipoteticamente estar-se também a proteger direitos e interesses de cidadãos abastados é infinitamente maior que todos os custos financeiros inerentes à pronta atuação da Defensoria Pública nas situações concretas que autorizam o manejo da ação civil pública, conforme previsto no ordenamento jurídico[...]".

38 Em outro momento de seu voto, a Ministra Carmen Lúcia argumenta que, "ao explicar o que caracterizaria a insuficiência de recursos, enunciada no inc. LXXIV do art. 5º da Constituição brasileira, José Afonso da Silva afirma: "*Nem sempre o conceito de 'insuficiência' pode ser definido a priori. O caso, a situação jurídica concreta, especialmente quando se trate de defesa em juízo, é que vão indicar se o interessado está ou não em condições de organizar a defesa de seus direitos por conta própria. Não é necessário que o interessado seja absolutamente desprovido de recursos, seja miserável*" (SILVA, 2008, p. 173).

De outro lado, além da grande amplitude do conceito de pobreza na contemporaneidade, certo é que o Brasil, no campo da tutela coletiva, adotou um modelo de legitimação mais abrangente. Para Alexandre Amaral Gavronski, um aspecto digno de menção "[...] nesse contexto de inserção positiva da tutela coletiva brasileira no novo contexto paradigmático do direito refere-se ao nosso *modelo de legitimidade coletiva concorrente disjuntiva com vários legitimados de natureza pública e privada*" (GAVRONSKI, 2010, p.56).

Outro ponto de vista interessantíssimo é o de que a tutela coletiva não visa, como é de sua própria natureza, à tutela do indivíduo assim considerado, mas da coletividade. Logo, como expõe Vicente Maciel Junior, a explicação do fenômeno e do processo coletivos

> [...] não devem ter como ponto referencial os sujeitos, mas o fato, o acontecimento, o bem da vida que se pretende tutelar e que revelará que aquela demanda possui natureza coletiva *latu sensu*. [...] A legitimação para agir segundo o modelo de processo individual é incapaz de explicar o fenômeno coletivo, porque parta da análise do ato da vontade (MACIEL JUNIOR, 2006, p.174).

Nesse sentido, a jurisdição não pode ser o obstáculo para atuação de nenhuma instituição, privada[39] ou pública, que intente a defesa contratual do consumidor. Deve, por outro lado, raciocinar a partir de um ideal de abertura democrática do processo jurisdicional e da participação, a mais plural possível, na defesa consumerista.

5.3.2 Ações coletivas como alternativa às demandas reprimidas

Contemporaneamente, recorrer à tutela jurisdicional não é uma tarefa que se possa fazer sem um esforço considerável por parte do consumidor, individualmente considerado.

O trabalho, os custos do processo, sua demora, a descrença no sistema de justiça e na sua efetividade e ainda o pequeno valor[40] de alguns prejuízos

---

39 Ainda é bem tímida no Brasil a atuação das entidades privadas (associações, fundações etc.) de defesa dos consumidores, muito embora o Código de Defesa do Consumidor tenha como princípio da Política Nacional de Relações de Consumo, a concessão de "[...] incentivos à criação e desenvolvimento de associações representativas", nos termos do artigo 4º, inciso II, alínea b (BRASIL, 1990).

40 É fato cotidiano não se buscar justiça, diante de determinados fatos (cobranças de taxas, acréscimos não previstos em contratos ou sem justa causa, entro outros) sob a justificativa de que tais prejuízos "não compensariam" o esforço e o desgaste.

decorrentes de injustiças contratuais (não obstante os desgostos e amarguras que provocam) distanciam grande parte dos consumidores do exercício constitucional da busca pela justiça pública. Trata-se de uma afirmação no mínimo curiosa, se for considerado o abarrotamento do Judiciário com ações individuais de consumo.

No entanto, mesmo a situação de abarrotamento implica tutela jurisdicional de uma minoria de consumidores, se for considerada a vastidão do universo de conflitos não ajuizados. Os outros consumidores, que representam a grande massa, amargam passivamente inúmeras violações em suas relações contratuais, formando um universo gigantesco de demandas consumeristas reprimidas.

As nominadas aqui como demandas consumeristas reprimidas consubstanciam-se em uma negação, por parte do Estado e da jurisdição, ao cumprimento dos Objetivos Fundamentais, previstos na Constituição, especialmente o de construir uma sociedade livre, justa e solidária.

Logo, a tutela coletiva coloca-se como alternativa ao problema das demandas reprimidas causadas pela inércia do consumidor ou pela inexpressiva monta patrimonial que representam. Para Rodolfo de Camargo Mancuso e Carolina Brambila Bega,

> A tutela coletiva, de um lado, tem o condão de recepcionar e aglutinar as pretensões que, isoladamente, teriam pequena expressão econômica e, de outro lado, permite que a resposta judiciária se estenda, em modo molecular, sobre todo o conflito. Previne a pulverização e consequente risco de tratamento anti-isonômico aos jurisdicionados, evitando, dessa forma, a nefasta proliferação de demandas individuais repetitivas, além de evitar a contradição entre julgados individualizados (MANCUSO; BEGA, 2010, p. 736).

Portanto, a utilização da ação coletiva em matéria contratual de consumo implica uma tutela mais ampla, do ponto de vista do quantitativo de beneficiados e do amplo e positivo efeito social que projeta, bem como no alívio da carga jurisdicional, tal como será visto nos tópicos adiante.

5.3.2.1 Tutela coletiva e o microdano contratual

Há inúmeras violações de direitos e abusos praticados pelos fornecedores, os quais sequer são percebidos pelo consumidor e, quando são, não representam individualmente muita relevância patrimonial. Tomem-se como exemplos as cobranças indevidas praticadas por bancos, operadoras de cartões de crédito, de serviços de telefonia, entre outros, sob pretexto de taxas das mais diversas possíveis, ou até mesmo sob a rubrica para lá de lacônica de *outros serviços*.

Tais práticas lesivas fazem parte do cotidiano do consumidor, mas passam longe de qualquer tutela efetiva do Estado e do Estado-Juiz, porque sua dimensão econômica individual não justifica o movimento da máquina jurisdicional para a tutela de pequenos danos ou pequenas cifras.

Dessa forma, ante a cruel realidade de impunidade civil e pouco alcance da tutela individual, o risco comercial das práticas lesivas aos consumidores é calculado não pela observância dos valores éticos que devem reger as relações contratuais, mas por seus efeitos econômicos. Sobre isso, Aluisio Gonçalves de Castro Mendes avalia que, "por conseguinte, não haverá desestímulo, mas, sim, estímulo indireto, diante da impunidade decorrente da incapacidade do sistema, para a manutenção e até incremento de práticas ilícitas que atinjam grande contingente de pessoas" (MENDES, 2010, p.65).

O fato é que esses danos corroem a sociedade e geram, de outro lado, imensos lucros para os fornecedores. Imagine-se que um banco promova o desconto indevido de um real da conta de cada correntista e supondo-se que tal banco (e isso não é exagero algum) venha a fazer isso com seus milhões de correntistas, essa prática geraria uma milionária vantagem indevida.

Tal hipótese, longe de ser irrealizável ou impossível, ocorre mais do que se possa pensar e quase nada é feito individualmente, porque não se cogita a propositura de uma ação individual para reclamar pela devolução de apenas um real. Eis um exemplo de *microdano* que enseja combate pela via da tutela coletiva de consumo.

No entanto, o exemplo dos bancos pode ser ampliado para outros segmentos, como o das telecomunicações e planos de saúde ou qualquer tipo de relação contratual, especialmente aquelas que se utilizam do regime de pagamento por faturas ou débitos automáticos em conta corrente, tudo entremeado de dados incompreensíveis e valores que não representam *a essência do contratado*.

Além disso, as pequenas violações podem ocorrer também no tocante à quantidade dos produtos, por meio da redução do volume ou do próprio peso e, até mesmo, na prestação de serviços, com a redução da extensão da prestabilidade ou de sua própria qualidade.

Conforme argumenta Aluísio Mendes, acerca dos danos resultantes das lesões causadas aos consumidores, estes são,

> [...] se considerados separadamente, em termos econômicos, de pequena monta, fazendo com que, na relação custo-benefício, o ajuizamento de ações individuais seja desestimulante e, na prática, quase que inexistente, demonstrando, assim, a fragilidade e as deficiências em relação ao acesso à justiça. A eventual falta ou deficiência dos instrumentos processuais adequados para os chamados danos de "bagatela", que, considerados globalmente, possuem geralmente enorme relevância social e econômica, estipula a repetição e perpetuação de práticas ilegais e lesivas. Por conseguinte, tendem a se beneficiar, em vez de serem devidamente sancionados, os fabricantes de produtos defeituosos de reduzido valor, os entes públicos que cobram tributos indevidos ou não concedem os direitos funcionais cabíveis e os fornecedores que realizam negócios abusivamente, apenas para citar alguns exemplos. De pouca ou nenhuma valia passam a ser as normas do direito material que estabelecem direito para os lesados, se a referida proteção não se encontra, também, amparo efetivo nos meios processuais disponíveis (MENDES, 2010, p.63-64).

Em tais casos, o consumidor quase sempre pagará a fatura ou amargará o débito tal com debitado, posto que a reclamação, além de frequentemente ineficiente, lhe tomaria tempo e lhe renderia bem mais prejuízos.

Portanto, por meio da ação coletiva, seria possível um único comando jurisdicional contra o fornecedor, destinado à correção e à reparação de todos os prejuízos, o que dificilmente, por todos os motivos já enumerados, faria o consumidor na sua individualidade.

5.3.2.2 Tutela coletiva como suprimento à inércia do consumidor

A vida contemporânea tornou-se um acontecimento cíclico, recursivo, que não oferece muitos espaços nem muitas alternativas para qualquer reação. O indivíduo simplesmente segue, porque tem que seguir. O trabalho é para o consumo e o consumo é para o trabalho. Pouco resta, além disso. E, nesse caminho, solapado pelas injustiças que lhe impõe o mercado capitalista, o consumidor vê-se esgotado de suas forças pela própria estrutura do capital a que está subordinado.

Para Hannah Arendt,

> O último estágio da sociedade de trabalhadores, o qual é a sociedade de empregados, requer de seus membros um funcionamento puramente automático, como se a vida individual realmente houvesse sido submersa no

> processo vital global da espécie e a única decisão ativa exigida do indivíduo fosse deixar-se levar, por assim dizer, abandonar a sua individualidade, as dores e as penas de viver, ainda sentidas individualmente, e aquiescer a um tipo de funcionamento entorpecido e "tranquilizado" de comportamento (ARENDT, 2013, p.403).

De fato, o consumidor não dispõe de poder de reação. Em termos práticos, o consumidor deve manter seus compromissos diários, seus horários e suas metas de trabalho. Enclausurado nesse contexto, não se vê em condições de procurar a defesa de seus direitos, que além de tudo é onerosa, demanda tempo e algum conhecimento preliminar que lhe permita saber, pelos menos, por onde começar.

Cappelletti e Garth, nesse ponto, afirmam que,

> Mesmo consumidores bem informados, por exemplo, só raramente se dão conta de que sua assinatura num contrato não significa que precisem, obrigatoriamente, sujeitar-se a seus termos, em quaisquer circunstâncias. Falta-lhes o conhecimento jurídico básico não apenas para fazer objeção a esses contratos, mas até mesmo para perceber que são passiveis de objeção. Ademais as pessoas têm limitados conhecimentos a respeito da maneira de ajuizar uma demanda (CAPPELLETTI; GARTH, 1988, p.8).

Outro ponto relevante é a crença da sociedade e de seus membros na incapacidade das instituições, entre elas a do próprio Poder Judiciário.

A cultura da lentidão dos processos traduz-se em uma descrença generalizada de que *não compensa* postular na justiça por justiça. Poucos são os que tentam, poucos são os que conseguem chegar ao fim, exitosamente.

Entretanto, os que chegam, malgrado todo desgaste que um processo judicial traz consigo, em muitos casos, recebem parca reparação, no caso de danos morais, por exemplo. Além disso, a correção mensal dos valores das condenações judiciais à taxa de juros moratórios de um por cento ao mês[41] convola-se em um fator extremamente compensador para os fornecedores. Como exemplo, se um fornecedor violar o direito do consumidor, vendendo-lhe um produto viciado, a negativa em reembolsar-lhe o preço do produto é deveras lucrativa, ainda que posteriormente o faça, por ordem da justiça ou não. O capital não devolvido ao consumidor é reiteradamente rentabilizado no mercado

41 Ressalte-se que esse parâmetro é legal, portanto, não atribuível à jurisdição. De qualquer forma, não pode ser desconsiderado esse fato, haja vista sua repercussão nas atividades da própria jurisdição e em suas consequências para as questões consumeristas.

a índices bem maiores do que aqueles utilizados no processo judicial, incluídos os juros de mora.

Como na jurisdição brasileira as consequências do ilícito, em matéria de consumo, já são de modo geral previsíveis (indenizações pífias e substancialmente tarifadas), a tática dos fornecedores de massa (bancos, financeiras, operadoras de telecomunicações, de cartões de crédito etc.) é o da análise puramente econômica de seus atos.

Essa realidade colabora fortemente para a inércia do consumidor e para o desestímulo ao exercício de seus direitos. De acordo com Aluísio Mendes,

> A prestação jurisdicional individual, de modo geral, contém uma incapacidade inerente para dar resposta aos atos ilícitos praticados, porque voltada para a satisfação tão somente do autor ou autores da demanda. Por melhores que sejam os canais de assistência judiciária e de facilitação do acesso à justiça, em conflitos de massa, dificilmente haverá uma prestação jurisdicional na qual todos os interessados ajuízem as suas respectivas demandas, de modo que se impeça a consecução de danos individuais ou, se verificados, a reparação integral dos prejuízos morais e materiais projetados (MENDES, 2010, p. 64).

A ação coletiva, evidentemente, parece ser o melhor caminho para levar ao conhecimento da jurisdição as questões que, silenciosamente, em função da inércia do consumidor, individualmente considerado, degradam a sociedade e vilipendiam a Ordem Econômica constitucional, dia após dia.

5.3.2.3 Tutela coletiva e o Código de Processo Civil de 2015: avanço em meio à oportunidade perdida

A tutela coletiva poderia ter sido agasalhada no contexto do Código de Processo Civil de 2015. Todavia, permaneceu o Código, embora com uma tônica mais social, ainda voltado para a tutela individual, esquecendo-se que a sociedade e os conflitos que lhes são inerentes ganham cada vez mais projeção coletiva, especialmente por conta das contratações massificadas e pelo próprio consumo em massa.

De pouca valia será para a jurisdição acudir as demandas individuais, dentro da qualidade almejada pelo Código de 2015 (tutela específica, eficiente e razoavelmente célere), se milhares de outras demandas idênticas forem ajuizadas sistematicamente, tornando pior o abarrotamento processual já instalado na jurisdição.

De qualquer forma, uma saída interessante adotada pelo Código de Processo de 2015, pode e deve ser utilizada pela jurisdição nas demandas consumeristas, especialmente aquelas decorrentes de contratos de consumo:

> Art. 139.O juiz dirigirá o processo conforme as disposições deste Código, incumbindo-lhe:
>
> [...]
>
> X - quando se deparar com diversas demandas individuais repetitivas, oficiar o Ministério Público, a Defensoria Pública e, na medida do possível, outros legitimados a que se referem o art. 5º da Lei nº 7.347, de 24 de julho de 1985, e o art. 82 da Lei nº 8.078, de 11 de setembro de 1990, para, se for o caso, promover a propositura da ação coletiva respectiva (BRASIL, 2015, *online*).

Com isso, a jurisdição não apenas diante de diversas demandas individuais repetitivas, mas, também, atenta à potencialidade de multiplicação dos conflitos exposta pela demanda individual em análise deve adotar as providências indicadas no inciso X, porque por meio da coletivização da demanda outras ações serão evitadas, contribuindo para, de uma só vez, reduzir a judicialização dos conflitos de consumo, assim como regular a atividade de fornecimento em uma perspectiva social mais ampla e eficaz.

Importa destacar a previsão de participação do Ministério Público e da Defensoria Pública nas questões coletivas, expressamente adotada pelo Código de 2015:

> Art. 176.O Ministério Público atuará na defesa da ordem jurídica, do regime democrático e dos interesses e direitos sociais e individuais indisponíveis.
>
> [...]
>
> Art. 185.A Defensoria Pública exercerá a orientação jurídica, a promoção dos direitos humanos e a defesa dos direitos individuais e coletivos dos necessitados, em todos os graus, de forma integral e gratuita (BRASIL, 2015, *online*).

Portanto, se a jurisdição mantiver diálogos constantes e estreitos com os demais integrantes do sistema de justiça, o que inclui as Funções Essenciais e a sociedade civil organizada, é de se esperar que a tutela coletiva possa florescer em benefício da regulação jurisdicional do mercado de consumo.

6
CONCLUSÃO

As relações de consumo ligam fornecedores e consumidores dentro de um contexto de dependência do segundo em relação ao primeiro. A necessidade é o elemento que vivifica a busca do consumidor por produtos e serviços. O contrato de consumo é, por seu turno, o ponto de passagem obrigatório para o alcance dessa busca. O contrato de consumo, em tais circunstâncias, não é fundado no exercício da liberdade.

No entanto, o liberalismo difundiu no campo da teoria contratual o dogma da liberdade, razão pela qual o atual Código Civil e, de resto, o próprio Código de Defesa do Consumidor, compreendem contrato como um negócio jurídico e como fonte de obrigações.

Consequentemente, parte de tais compreensões uma verdadeira cultura jurídica que vê no contrato formalmente celebrado um ato jurídico perfeito que deve, em regra, receber do Estado e da própria jurisdição a garantia de cumprimento do pactuado.

Contudo, o anacronismo da teoria liberal sobre contratos e sobre a própria jurisdição fez com que seus principais elementos, tais como a *inércia*, cujo propósito era da neutralidade, *adstrição ou congruência*, cujo propósito era garantir a imparcialidade e a igualdade das partes, *legalidade*, cujo objetivo era o de garantir segurança e previsibilidade, perdessem, quase que por completo, o sentido de aplicação nas questões contratuais de consumo.

Por tudo, há um abismo entre a facticidade das relações contratuais e o direito posto, que regula os contratos de consumo. Nas palavras de Welzel, "o método não determina o objecto do conhecimento – pelo contrário, tem necessariamente de regular-se por ele, enquanto fragmento ôntico do ser que é proposto à investigação" (WELZEL, *apud* LARENZ, 1997, p. 152).

Hodiernamente, ao contrário da jurisdição neutra, adstrita e imparcial – postura caracterizadora do passivismo judicial –, ela deverá proteger ideais, demonstrar pretensões, reivindicar o seu protagonismo na defesa do consumidor contratante, que são, por seus turnos, posturas típicas do ativismo.

De fato, a proteção ao consumidor contratante é um ideal da sociedade e do próprio Estado (artigos 3º e 5º, inciso XXXII, da Constituição Federal) e, portanto, da própria jurisdição. Por isso, a jurisdição deve compreender que é parte do contexto social e não apenas expectadora insensível dos acontecimentos.

Para Del Vecchio, "[...] o estudioso do direito, que não queira ser mero exegeta ou instrumento servil da autoridade dos legisladores, ao investigar e aplicar normas jurídicas positivas, não pode eximir-se de erguer o olhar à idealidade [...]" (DEL VECCHIO, 1960, p.213).

Diante dessas novas concepções, é necessário que a jurisdição modifique seus paradigmas de atuação passando a exercer um papel mais integrado com a facticidade, bem como que desenvolva uma atuação protagonista de transformações e mudanças na sociedade de consumo, à luz do artigo 3º, da Constituição Federal.

Em meio a tantos abusos praticados no âmbito dos contratos de consumo, que oneram, atormentam, desequilibram e corroem a estrutura social, no contexto do capitalismo dominante, a redefinição do papel da jurisdição é crucial para o estabelecimento de um contrato de consumo equivalente materialmente.

A dimensão da redefinição de seu papel social dependerá do quanto essa mesma jurisdição tenha a capacidade de se libertar da velha roupagem e das incompreensões ou compreensões distorcidas do fato social inerente às relações contratuais de consumo. Como anota Ripert, "o equilíbrio necessário de fôrças não pode ser assegurado senão por um jôgo de instituições. Se estas não forem concebidas, se não se chegar a realizá-las, de nada serve atacar o capitalismo.[...] Um espírito novo não nascerá senão de instituições novas" (RIPERT, 1947, p. 359-360).

Não há, a rigor, necessidade da edição de novas leis se no plano das já existentes, especialmente as cláusulas gerais e abertas, há lastro para a atuação tutelar da jurisdição. Tudo indica que a mudança no modelo de tutela consumerista está mais dependendo da modificação da cultura jurídica liberal do que propriamente de atuação legislativa.

No entanto, mudar uma cultura não é uma tarefa simples, nem mesmo imediata. Como diz Marx, "A tradição de todas as gerações passadas é como um pesadelo que comprime o cérebro dos vivos." (MARX, 2011, p.25). Malgrado tais assertivas, não pode ser aceito com passividade o discurso que prega ser hercúlea a solução fundada na mudança de estruturas seculares que construíram boa parte da atual dogmática jurídica.

A lei, o processo e todos os mecanismos inerentes à estrutura sistêmica do Direito são apenas referências instrumentais as quais, sem o ânimo que deve ser vivente em cada juiz, de nada valem.

A plenitude da jurisdição contratual de consumo, portanto, não depende de fórmulas faraônicas, mas da *atitude transformada e transformadora* de cada juiz(a) enquanto órgão executivo da jurisdição que o é.

A possibilidade de mudanças é factível e deve partir, fundamentalmente, da crença de quem julga. Como diz Alain Touraine, "é preciso refutar resolutamente todos os discursos que procuram convencer-nos da nossa impotência". (TOURAINE, 1999, p.158).

O que se quer dizer ao cabo, aos juízes, é que a importância de sua missão ganha relevos altíssimos na tutela dos contratos de consumo, vez que, nelas, devem ser agentes promocionais de uma relação justa e não apenas reatores a demandas, limitados no seu agir, pelas opções ofertas pelo positivismo normativo. Tal como bem ilustrado por Manuel Atienza, ao tratar do Direito como argumentação, "[...] os normativistas vêem o Direito como uma realidade já outorgada; o Direito é um conjunto de normas: um livro, um edifício ou uma cidade, que está aí fora para ser contemplada e descrita.". Porém, de outro lado, descreve o Direito, sob ótica argumentativa, para a qual, "[...] seria melhor a imagem de um empreendimento, uma tarefa na qual se participa, a redação de uma novela em série do que um livro já escrito; a construção de uma catedral, em vez da catedral já construída; ou, ainda melhor, a actividade que consistisse em construir e melhorar uma cidade em que se tenha que viver." (ATIENZA, 2014, p. 43).

Eis, portanto, a tutela dos contratos de consumo, como uma missão a ser participativamente construída e melhorada jurisdicionalmente.

6
REFERÊNCIAS

ALEXY, Robert. **Teoria dos Direitos Fundamentais**. 2. ed. Tradução de Virgílio Afonso da Silva. São Paulo: Malheiros Editores, 2011.

ANDRADE, Carlos Drummond de. **Sentimento do mundo**. São Paulo: Companhia das Letras, 2012.

ARENDT, Hannah. **A Condição Humana**. Tradução de Roberto Raposo. 11. ed. Rio de Janeiro: Forense Universitária, 2013.

ATIENZA, Manuel. **O Direito como argumentação**. Tradução de Manuel Poirier Braz. Lisboa: Escolar Editora, 2014.

AZEVEDO, Álvaro Villaça. **Teoria dos Contratos Típicos e Atípicos**. 2. ed. São Paulo: Atlas, 2004.

AZEVEDO, Antônio Junqueira de. **Negócio jurídico**: existência, validade e eficácia. 4. ed., atual. de acordo com o novo Código Civil, (Lei n.10.406,de 10-1-2002). São Paulo: Saraiva, 2002.

BARBOSA, Alexandre de Freitas. **O Mundo Globalizado**: política, sociedade e economia. 5.ed. São Paulo: Contexto, 2013.

BARROSO, Luís Roberto. Judicialização, ativismo judicial e legitimidade democrática. **Revista de Direito do Estado (REDE)**, Rio de Janeiro, n. 18, p. 71-91, abr.-jun. 2009. Disponível em:<http://www.direitodoestado.com/revista/REDE-18-ABRIL-2009-LUIS%20BARROSO.pdf>.Acesso em: 10 jan. 2015.

BAUMAN, Zygmunt. **Modernidade Líquida**. Tradução de Plínio Dentzien. Rio de Janeiro: Zahar, 2001.

______. **Vida para Consumo**: a transformação das pessoas em mercadorias. Tradução de Carlos Alberto Medeiros. Rio de Janeiro: Zahar, 2008.

BEDAQUE, José Roberto dos Santos. **Poderes instrutórios do juiz**. 4. ed. São Paulo: Revista dos Tribunais, 2009.

BETTI, Emílio. **Teoria Geral do negócio jurídico**. v. I. Tradução de Fernando de Miranda. Coimbra: Coimbra Editora, 1969.

BITTAR, Carlo Alberto. **Contratos Civis.** 3. ed. rev. atual. e ampl. por Carlos Alberto Bittar Filho, Márcia Sguizzardi Bittar; Revisão técnica Carla Bianca Bittar. Rio de Janeiro: Forense Universitária, 2006.

BOBBIO, Norberto. **Liberalismo e democracia**. Tradução de Marco Aurélio Nogueira. São Paulo: Brasiliense, 2000.

BONAVIDES, Paulo. **Ciência Política**. 19.ed. São Paulo: Malheiros Editores, 2012.

______. **Curso de direito constitucional**. 15.ed. São Paulo: Malheiros Editores, 2004.

BRASIL, Superior Tribunal de Justiça. **REsp 1192577/RS**, Rel. Ministro Luis Felipe Salomão, Quarta Turma, julgado em 15/05/2014, DJe 15/08/2014.Disponível em: <http://www.stj.jus.br/SCON/jurisprudencia/toc.jsp?tipo_visualizacao=null&livre=defensoria+e+legitima%E7%E3o+e+consumidor&b=ACOR&thesaurus=JURIDICO#DOC1>. Acesso em: 10 jan. 2015.

______. **Constituição da República Federativa do Brasil**. Brasília, DF: Senado Federal: Centro Gráfico, 1988.

______. **Decreto n. 591, de 6 de julho de 1992**. Atos Internacionais. Pacto Internacional sobre Direitos Econômicos, Sociais e Culturais. Promulgação. Diário Oficial da União, Brasília, 07 jul. 1992.Disponível em<http://www.planalto.gov.br/ccivil_03/decreto/1990-1994/D0591.htm>. Acesso em: 10 jan. 2015.

______. **Decreto n. 678, de 6 de novembro de 1992**. Promulga a Convenção Americana sobre Direitos Humanos (Pacto de São José da Costa Rica), de 22 de novembro de 1969. Diário Oficial da União, Brasília, 09 nov. 1992.Disponível em:<http://www.planalto.gov.br/ccivil_03/decreto/D0678.htm>. Acesso em: 10 jan. 2015.

______. **Decreto-Lei n. 3.688, de 3 de outubro de 1941**. Lei das Contravenções Penais. Diário Oficial da União, Brasília, 03 out. 1941.Disponível em http://www.planalto.gov.br/ccivil_03/decreto-lei/del3688.htm>. Acesso em: 10 jan. 2015.

______. **Lei Complementar nº 80, de 12 de janeiro de 1994.**Organiza a Defensoria Pública da União, do Distrito Federal e dos Territórios e prescreve normas gerais para sua organização nos Estados, e dá outras providências. **Diário Oficial da União**, Brasília, 13 jan. 1994. Disponível em: <http://www.planalto.gov.br/ccivil_03/leis/LCP/Lcp80.htm>Acesso em: 26 out. 2015.

______. **Lei n. 13.105, de 16 de março de 2015.** Código de Processo Civil. Disponível em: <https://www.planalto.gov.br/ccivil_03/_ato2015-2018/2015/lei/l13105.htm>. Acesso em: 3 jun. 2015.

______. **Lei n. 3.071, de 1º de janeiro de 1916**. Código Civil. Disponível em: <http://www.planalto.gov.br/ccivil_03/leis/l3071.htm>. Acesso em: 3 nov. 2014.

______. **Lei n. 5.869, de 11 de janeiro de 1973.**Código de Processo Civil. Disponível em: <http://www.planalto.gov.br/ccivil_03/leis/l5869compilada.htm>. Acesso em: 3 nov. 2014.

______. **Lei n. 7.347, de 24 de julho de 1985.** Disciplina a ação civil pública de responsabilidade por danos causados ao meio-ambiente, ao consumidor, a bens e direitos de valor artístico, estético, histórico, turístico e paisagístico e dá outras providências. **Diário Oficial da União**, Brasília, 25 jul. 1985. Disponível em: <http://www.planalto.gov.br/ccivil_03/leis/l7347orig.htm>. Acesso em: 10 jan. 2015.

______. **Lei n. 8.078, de 11 de setembro de 1990.**Código de Defesa do Consumidor.Disponível em: <http://www.planalto.gov.br/ccivil_03/leis/l8078.htm>. Acesso em: 3 nov. 2014.

______. **Lei n. 8.906, de 4 de julho de 1994**. Estatuto da Advocacia e a Ordem dos Advogados do Brasil (OAB). Disponível em: <http://www.planalto.gov.br/ccivil_03/leis/l8906.htm>Acesso em: 5 jan. 2015.

______. **Lei n. 10.406, de 10 de janeiro de 2002**. Código Civil. Disponível em: <http://www.planalto.gov.br/ccivil_03/leis/2002/l10406.htm>. Acesso em: 3 nov. 2014.

______. **Lei n. 11.983, de 16 de julho de 2009**. Revoga o art. 60 do Decreto-Lei nº 3.688, de 3 de outubro de 1941 - Lei de Contravenções Penais. **Diário Oficial da União**, Brasília, 17 jul. 2009. Disponível em: <http://legislacao.planalto.gov.br/legisla/legislacao.nsf/Viw_Identificacao/lei%2011.983-2009?OpenDocument>. Acesso em: 10 jan. 2015.

______. Superior Tribunal de Justiça. **AgRg no AREsp 476.551/RJ**, Rel. Ministro Luis Felipe Salomão, Quarta Turma, julgado em 25/03/2014, DJe 02/04/2014. Disponível em: <http://www.stj.jus.br/SCON/jurisprudencia/toc.jsp?tipo_visualizacao=null&processo=476551&b=ACOR&thesaurus=JURIDICO>. Acesso em: 10 jan. 2015.

______. Superior Tribunal de Justiça. **AgRg no AREsp 521.400/PR**, Rel. Ministro Antonio Carlos Ferreira, QUARTA TURMA, julgado em 18/09/2014, **DJe 25/09/2014.** Disponível em:<http://www.stj.jus.br/SCON/jurisprudencia/toc.jsp?i=1&b=ACOR&livre=((%27AGARESP%27.clas.+e+@num=%27521400%27)+ou+(%27AGRG%20NO%20ARESP%27+adj+%27521400%27.suce.)).> Acesso em: 2 ago. 2015.

______. Superior Tribunal de Justiça. **AgRg no REsp 1306712/PR**, Rel. Ministro OG Fernandes, Segunda Turma, julgado em 26/08/2014, DJe 10/09/2014. Disponível em:<http://www.stj.jus.br/SCON/pesquisar.jsp#DOC2>. Acesso em: 10 jan. 2015.

______. Superior Tribunal de Justiça. **AgRg nos EDcl no REsp 1206203/RS**, Rel. Ministro Raul Araújo, Quarta Turma, julgado em 16/05/2013, DJe 25/06/2013. Disponível em http://www.stj.jus.br/SCON/jurisprudencia/toc.jsp?livre=cl%E1usula+e+abusiva+e+consumidor+e+of%EDcio&&b=ACOR&thesaurus=JURIDICO&p=true>. Acesso em: 10 jan. 2015.

______. Superior Tribunal de Justiça.**CC 106.990/SC**, Rel. MIN. Fernando Gonçalves, Segunda Seção, julgado em 11/11/2009, DJe 23/11/2009. Disponível em:<http://www.stj.jus.br/SCON/pesquisar.jsp#DOC2>. Acesso em: 10 jan. 2015.

______. Superior Tribunal de Justiça. **REsp 1178555/PR**, Rel. Ministro Ricardo Villas Bôas Cueva, Terceira Turma, julgado em 09/12/2014, DJe 15/12/2014. Disponível em:<http://www.stj.jus.br/SCON/jurisprudencia/toc.jsp?tipo_visualizacao=null&processo=1178555&b=ACOR&thesaurus=JURIDICO> Acesso em 10 jan. 2015.

______. Superior Tribunal de Justiça. **REsp 1445560/MG**, Rel. Ministro Napoleão Nunes Maia Filho, Primeira Turma, julgado em 16/06/2014,DJe 18/08/2014. Disponível em:<http://www.stj.jus.br/SCON/jurisprudencia/toc.jsp?tipo_visualizacao=null&processo=1445560&b=ACOR&thesaurus=JURIDICO> Acesso em: 10 jan 2015.

______. Superior Tribunal de Justiça. **REsp 669.990/CE**, Rel. MIN. Jorge Scartezzini, Quarta Turma, julgado em 17/08/2006, DJ 11/09/2006, p. 289. Disponível em:<http://www.stj.jus.br/SCON/pesquisar.jsp#DOC5>. Acesso em: 10 jan. 2015.

______. Superior Tribunal de Justiça.**Súmula 33**. Corte especial, julgado em 24/10/1991, DJ 29/10/1991.p. 15312. Disponível em: <http://www.stj.jus.br/SCON/pesquisar.jsp#DOC1>. Acesso em: 10 jan. 2015.

______. Superior Tribunal de Justiça. **Súmula 381**.Segunda Seção, julgado em 22/04/2009, DJe 05/05/2009. Disponível em: <http://www.stj.jus.br/SCON/pesquisar.jsp>. Acesso em: 10 jan. 2015.

______. Supremo Tribunal Federal. **ADI 3943**, Relator(a): Min. Cármen Lúcia, Tribunal Pleno, julgado em 07/05/2015, Acórdão Eletrônico DJe-154 DIVULG 05-08-2015 PUBLIC 06-08-2015. Disponível em:<http://www.stf.jus.br/portal/jurisprudencia/visualizarEmenta.asp?s1=000279712&base=baseAcordaos>. Acesso em: 10 jan. 2015.

______. Supremo Tribunal Federal. **HC 96772**, Relator(a): Min. Celso de Mello, Segunda Turma, julgado em 09/06/2009, DJe 21/08/2009 EMENT VOL-02370-04 PP-00811 RTJ VOL-00218- PP-00327 RT v. 98, n. 889, 2009, p. 173-183. Disponível em:<http://www.stf.jus.br/portal/jurisprudencia/visualizarEmenta.asp?s1=000162313&base=baseAcordaos>. Acesso em: 10 jan. 2015.

BUENO, Cassio Scarpinella. **Curso Sistematizado de Direito Processual Civil**: teoria geral do direito processual civil. 4. ed. rev. e atual. São Paulo: Saraiva, 2010.

______. **Curso Sistematizado de Direito Processual Civil**: tutela antecipada, tutela cautelar, procedimentos cautelares específicos. 3. ed. rev., atual. e ampl. São Paulo: Saraiva, 2011.

______. **No Código de Processo Civil anotado**. São Paulo: Saraiva, 2015.

CALSAMIGLIA, Albert. **Postpositivismo**. Edición digital a partir de Doxa: Cuadernos de Filosofía del Derecho, núm. 21, vol. I (1998), pp. 209-220. Alicante: Biblioteca Virtual Miguel de Cervantes, 2005. Disponível em: <http://www.cervantesvirtual.com/obra/postpositivismo-0/>. Acesso em: 10 jan. 2015.

CAMARGO, Margarida Maria Lacombe. **Hermenêutica e argumentação**: uma contribuição ao estudo do direito. 3.ed. Rio de Janeiro: Renovar, 2003.

CAMPILONGO, Celso Fernandes. O Judiciário e a Democracia no Brasil. **Dossiê Judiciário**, n. 21, pp. 116-25, mar.-mai./1994.

CANARIS, Claus-Wilhelm. **Direitos fundamentais e direito privado**. Tradução de Ingo Wolfgang Sarlet e Paulo Mota Pinto. Coimbra: Almedina, 2009.

CAPPELLETTI, Mauro; GARTH, Bryant. **Acesso à Justiça**. Tradução de Hellen Gracie Northfleet. Porto Alegre: Sergio Antonio Fabris Editor, 1988.

CASSESE, Sabino.**A Crise do Estado**. Tradução de Ilse Paschoal Moreira e Fernanda Landucci Ortale. Campinas, SP: Saberes, 2010.

CAVALIERI FILHO, Sérgio. **Programa de Direito do Consumidor**. 3. ed. São Paulo: Atlas, 2011.

CHAMON JUNIOR, Lúcio Antônio. **Filosofia do Direito na Alta Modernidade**: incursões teóricas em Kelsen, Luhmann e Habermas. Rio de Janeiro: Lumen Juris, 2005.

COMPARATO, Fábio Konder. **A Afirmação Histórica dos Direitos Humanos**. - 8.ed. - São Paulo: Saraiva, 2013.

DE MASI, Domenico (org.) **A sociedade pós-industrial**. Tradução de Anna Maria Capovilla [et al.]. São Paulo: SENAC, 1999.

DEL VECCHIO, Giorgio. **A justiça**. Tradução de António Pinto de Carvalho. São Paulo: Saraiva, 1960.

______. **Direito, estado e filosofia**. Rio de Janeiro: Livraria Editora Politécnica, 1952.

DESSAUNE, Marcos. **Desvio produtivo do consumidor**: o prejuízo do tempo desperdiçado. São Paulo: Editora Revista dos Tribunais, 2011.

DIDIER JR., Fredie. **Curso de direito processual civil:** introdução ao direito processual civil, parte geral e processo de conhecimento. V. I, 17. ed. Salvador: Jus Podivm, 2015.

______; BRAGA, Paula Sarno; OLIVEIRA, Rafael Alexandria de. **Curso de direito processual civil**: teoria da prova, direito probatório, ações probatórias, decisão, precedente, coisa julgada e antecipação. V. II,10. ed. Salvador: Jus Podivm, 2015.

DINAMARCO, Cândido Rangel; CINTRA, Antonio Carlos de Araújo; GRINOVER, Ada Pellegrini . **Teoria geral do processo**. 22. ed. São Paulo: Malheiros, 2006.

______. **A instrumentalidade do processo**. 14. ed. São Paulo: Malheiros, 2009.

______. **Nova era no processo civil**. São Paulo: Malheiros, 2003.

DUQUE, Marcelo Schenk. **Direito Privado e Constituição**: *drittwirkung* dos direitos fundamentais, construção de um modelo de convergência à luz dos contratos de consumo. São Paulo: Editora Revista dos Tribunais, 2013.

DWORKIN, Ronald. **Levando os Direitos a Sério**. Tradução de Nelson Boeira. 3.ed. São Paulo: WMF Martins Fontes, 2010.

ENNECCERUS, Ludwig. **Tratado de derecho civil**: parte general. Tomo I. Tradução de Blas Pérez Gonzáles e José Alguer. 2. ed. Barcelona: Bosch, 1953.

FERRAZ JUNIOR, Tercio Sampaio. **Introdução ao Estudo do Direito**: técnica, decisão, dominação. 2.ed. São Paulo: Atlas, 1994.

FILOMENO, José Geral Brito. **Curso Fundamental de Direito do Consumidor**. 2. ed. São Paulo: Atlas, 2008.

FIUZA, César. **Contratos**. Belo Horizonte: Del Rey, 2009.

______. **Direito Civil**: curso completo. 16. ed. Belo Horizonte: Del Rey, 2013.

______, César; ROBERTO, Giordano Bruno Soares. **Contratos de adesão**. BeloHorizonte: Mandamentos, 2002.

FOUCAULT, Michel. **Vigiar e punir:** nascimento da prisão. Tradução de Raquel Ramalhete. 40. ed. Petrópolis, RJ: Vozes, 2012.

GALUPPO, Marcelo C. **O Direito Civil no contexto da superação do Positivismo Jurídico: a questão do sistema.** *In* FIUZA, César; NAVES, Bruno Torquato de Oliveira; SÁ, Maria de Fátima Freire (coord.). *Direito Civil:* atualidades. Belo Horizonte: Del Rey, 2003.

GAVRONSKI, Alexandre Amaral. A tutela coletiva do século XXI e sua inserção no paradigma jurídico emergente. In: MILARÉ, Édis (org). **A ação civil pública após 25 anos**. São Paulo: Revista dos Tribunais, 2010.

GOMES, Orlando. ***Obrigações***. 17.ed. rev. e atual., de acordo com o Código Civil de 2002 e com a Lei de Falências de 2005, por Edvaldo Brito. Rio de Janeiro: Forense, 2007.

GONTIJO, Lucas de Alvarenga. **Filosofia do direito**: metodologia jurídica, teoria da argumentação e guinada linguístico-pragmática. Belo Horizonte: Arraes Editores, 2011.

GRINOVER, Ada Pellegrini. Parecer a respeito da arguição de inconstitucionalidade do inciso II do artigo 5º da Lei da Ação Civil Pública – Lei n. 7.347/85 -, com a redação dada pela Lei n.11.488/2007, que conferiu legitimação ampla à Defensoria Pública para ajuizar a demanda, em discussão na Ação Direta de Inconstitucionalidade promovida pela Associação Nacional dos Membros do Ministério Público-CONAMP (ADIN n. 3943, Relatora Ministra Cármen Lúcia). 2008. **ANADEP**. Disponível em: <http://www.anadep.org.br/wtksite/cms/conteudo/4820/Documento10.pdf>. Acesso em: 10 jan. 2016.

______[et al.]. **Código Brasileiro de Defesa do Consumidor**: comentado pelos autores do anteprojeto. v. I.10. ed. revista, atualizada e reformulada. Rio de Janeiro: Forense, 2011.

HABERMAS, Jürgen. **A inclusão do outro**: estudos de teoria política. Tradução de George Sperber e Paulo Astor Soethe. São Paulo: Edições Loyola, 2002.

______. **Direito e Democracia**: entre facticidade e validade. V. I. 2. ed. Tradução de Flávio Beno Siebenichler. Rio de Janeiro: Tempo Brasileiro, 2012.

HALL, Stuart. **A identidade cultural na pós-modernidade.** Tradução de Tomaz Tadeu da Silva, Guacira Lopes Louro. 3. ed. Rio de Janeiro: DP&A, 1999.

HARVEY, David. **Condição pós-moderna**: uma pesquisa sobre as origens da mudança cultural. Tradução de Adail Ubirajara Sobral e Maria Stela Gonçalves. 25. ed. São Paulo: Edições Loyola, 2014.

HAUPT, Günter. **Sui rapporti contrattuali di fatti**. Tradução de Giovanni Varanese. Torino: G. Giappichelli Editore, 2012.

HERKENHOFF, João Baptista. **Como aplicar o direito**: à luz de uma perspectiva axiológica, fenomenológica e sociológico-política. 3. ed., rev., ampl. e atual. - Rio de Janeiro: Ed. Forense, 1994.

HESSE, Konrad. **A força normativa da Constituição**. Tradução de Gilmar Ferreira Mendes. Porto Alegre: Sergio Antonio Fabris Editor, 1991.

HOBSBAWM, Eric. **Pessoas Extraordinárias**: resistência, rebelião e jazz. Tradução de Irene Hirsch, Lólio Lourenço de Oliveira. 3. ed. São Paulo: Paz e Terra, 1998.

HOUAISS, Antônio; VILLAR, Mauro de Sales. **Dicionário Houaiss da língua portuguesa**. 1. ed. Rio de Janeiro: Objetiva, 2009.

KELSEN, Hans. **Teoria pura do direito.** Tradução de João Baptista Machado. 8.ed. São Paulo: Editora WMF Martins Fontes, 2009.

KELSEN, Hans. **Teoria pura do direito.** Tradução de João Baptista Machado. 6.ed. São Paulo: Martins Fontes, 1998.

LARENZ, Karl. **Metodologia da ciência do direito**. 3.ed. Tradução de José Lamego. Lisboa: Fundação Calouste Gulbenkian, 1997.

______. O Estabelecimento de Relações Obrigacionais por meio de Comportamento Social Típico (1956). In: **Revista de Direito da FGV**. Rio de Janeiro: FGV, v. 2, n. 1, jan./jun. 2006, p. 55-64.

LINDSTROM, Martin. **A lógica do consumo**: verdades e mentiras sobre por que compramos. Tradução de Marcello Lino. Rio de Janeiro: Nova Fronteira, 2009.

LIPOVETSKY, Gilles; SERROY, Jean. **A cultura-mundo**: resposta a uma sociedade desorientada. Tradução de Maria Lúcia Machado. São Paulo: Companhia das Letras, 2011.

LISBOA, Roberto Senise. **Contrato difusos e coletivos**: a função social do contrato.4.ed. São Paulo: Saraiva, 2012.

LÔBO, Paulo. **Direito Civil**: contratos. São Paulo: Saraiva, 2011.

LORENZETTI, Ricardo Luis. **Fundamentos do Direito Privado**. São Paulo: RT, 1998.

______. **Teoria da Decisão Judicial**: fundamentos de direito. 2. ed. São Paulo: RT, 2010.

LYOTARD, Jean-François. **O Pós-Moderno**. Tradução de Ricardo Correia Barbosa. 2. ed. Rio de Janeiro: José Olímpio, 1986.

MACEDO JUNIOR, Ronaldo Porto de. ***Contratos relacionais e defesa do consumidor***. São Paulo: Max Limonad, 1998.

MACIEL JUNIOR, Vicente de Paula. **Teoria das ações coletivas**: as ações coletivas como ações temáticas. São Paulo: LTr, 2006.

MANCUSO, Rodolfo de Camargo. **Interesses Difusos:** conceito e legitimação para agir. 3. ed. São Paulo: Editora Revista dos Tribunais, 1994.

______; BEGA, Carolina Brambila. A reiterada legitimidade da Defensoria Pública para o ajuizamento de ações coletivas. In: MILARÉ, Édis (org). **A ação civil pública após 25 anos**. São Paulo: Revista dos Tribunais, 2010.

MARANHÃO, Clayton. **Tutela jurisdicional do direito à saúde**: (art. 83 e 84, CDC). São Paulo: Revista dos Tribunais, 2003.

MARCUSE, Herbert. **Ideologia da Sociedade Industrial**. Tradução de Giasone Rebuá. Rio de Janeiro: Zahar, 1967.

MARIGHETTO, Adrea. **O acesso ao contrato**: Sentido e Extensão da Função Social do Contrato. São Paulo: Quartier Latin, 2012.

MARINONI, Luiz Guilherme. **Antecipação da tutela**.12. ed. São Paulo: Editora Revista dos Tribunais, 2011.

______. **Teoria geral do processo**. 3. ed. rev. e atual. São Paulo: Revista dos Tribunais, 2008.

______; ARENHART. Sérgio Cruz. **Processo de conhecimento.** Vol. 2. 8. ed. São Paulo: Editora Revista dos Tribunais, 2008.

MARQUES, Cláudia Lima. Código de Defesa do Consumidor e o Código Civil: superação das antinomias pelo diálogo das fontes. **Revista de Direito do Consumidor (RT)**, São Paulo, v. 51, p. 34-67, jul.-set. 2004.

______. **Contratos no Código de Defesa do Consumidor** - o novo regime das relações contratuais. 6. ed. rev., atual. e ampl. São Paulo: Revista dos Tribunais, 2011.

MARX, Karl. **O 18 de brumário de Luís Bonaparte.** Tradução de Nélio Schneider. São Paulo: Boitempo, 2011.

MASCARO, Alysson Leandro. **Filosofia do direito**. 3.ed. São Paulo: Atlas, 2013.

MAXIMILIANO, Carlos. **Hermenêutica e aplicação do direito**. 20. ed. Rio de Janeiro, Forense: 2011.

MENDES, Aluisio Gonçalves de Castro. Ação civil pública: desafios e perspectivas após 25 anos de vigência da Lei 7.347/1985. In: MILARÉ, Édis (org). **A ação civil pública após 25 anos**. São Paulo: Revista dos Tribunais, 2010.

MIRAGEM, Bruno. **Curso de Direito do Consumidor**. 2. ed. São Paulo: Revista dos Tribunais, 2010.

MORAES, Alexandre de. **Direito Constitucional**. 29. ed. São Paulo: Atlas, 2013.

MORIN, Edgar. **A via para o futuro da humanidade**. Tradução de Edgar de Assis Carvalho e Mariza Perassi Bosco. Rio de Janeiro: Bertrand Brasil, 2013.

NALINI, José Renato. **A rebelião da toga**. Campinas (SP): Milênio, 2008.

NORONHA, Fernando. **Direito das obrigações**. 4. ed. rev. atual. São Paulo: Saraiva, 2013.

NUNES, Luiz Antônio Rizzato. **Curso de direito do consumidor**. 7. ed. rev. e atual. São Paulo: Saraiva, 2012.

OEA.**Comissão Interamericana de Direitos humanos. Convenção Americana de Direitos Humanos**, adotada em 22 de novembro de 1969. Disponível em:<http://www.oas.org/dil/esp/tratados_B32_Convencion_Americana_sobre_Derechos_Humanos.htm>. Acesso em 10 jan. 2015.

ONU. Assembleia Geral das Nações Unidas. **Declaração Universal dos Direitos Humanos**, adotada em 10 de dezembro de 1948.Disponível em:<http://unicrio.org.br/img/DeclU_D_HumanosVersoInternet.pdf>. Acesso em 10 jan. 2015.

______. Assembleia Geral das Nações Unidas. **Pacto Internacional sobre os Direitos Econômicos, Sociais e Culturais**, adotado em 16 de dezembro de 1966.Disponível em:<http://www.unfpa.org.br/Arquivos/pacto_internacional.pdf>. Acesso em 10 jan. 2015.

PAULA, Jônatas Luiz Moreira de Paula. **Uma visão crítica da jurisdição civil**. Leme- SP: LED - Editora de Direito Ltda, 1999.

PEREIRA, Caio Mário da Silva. **Instituições de Direito Civil:** Contratos; declaração unilateral de vontade responsabilidade civil. V. III, 1. ed. eletrônica. Revista e atualizada por Regis Fichtner. Rio de Janeiro: Forense, 2003a.

______. **Instituições de Direito Civil:** teoria geral das obrigações. V. II, 1. ed. eletrônica. Revista e atualizada por Luiz Roldão de Freitas Gomes e colaboração de Júlia Sá Carvalho da Silva e José Luiz Nogueira. Rio de Janeiro: Forense, 2003b.

PERELMAN, Chaïm; OLBRECHTS-TYTECA, Lucie. **Tratado da Argumentação**: a nova retórica. Tradução de Maria Ermantina de Almeida Prado Galvão. 2. ed. São Paulo: Martins Fontes, 2005.

______. **Lógica jurídica**: nova retórica. Tradução de Verginia K. Pupi. São Paulo: Martins Fontes, 1998.

PERLINGIERI, Pietro. **Perfis de direito civil.** Tradução de Maria Cristina de Cicco. 3.ed., rev. e ampl. Rio de Janeiro: Renovar, 2002.

PIOVESAN, Flávia. **Direitos Humanos e o Direito Constitucional Internacional**. 14. ed. São Paulo: Saraiva, 2013.

POLI, Leonardo Macedo. **Direito Autoral**: parte geral. Belo Horizonte: Del Rey, 2008.

PORTANOVA, Rui. **Princípios do Processo Civil**. 4. ed. Porto Alegre: Livraria do Advogado, 2001.

RIPERT, Georges. **Aspectos jurídicos do capitalismo moderno**. Tradução de Gilda G. De Azevedo. Rio de Janeiro: Freitas Bastos, 1947.

ROCHA, Everardo P. Guimarães. **A sociedade do sonho:** comunicação, cultura e consumo. Rio de Janeiro: Mauad, 1995.

ROPPO, Enzo. **O contrato**. Tradução de Ana Coimbra e M. Januário C. Gomes. Coimbra: Almedina, 2009.

ROSS, Alf. **Direito e Justiça**. Tradução de Edson Bini. Bauru, SP: EDIPRO, 2000.

SANTOS, Boaventura de Sousa. **Pela mão de Alice**: o social e o político na pós-modernidade. 7.ed. Porto, PT: Edições Afrontamento,1999.

SÃO PAULO. Não existe mais latifúndio no Brasil, diz nova ministra da Agricultura. **Folha de São Paulo**, São Paulo. Mônica Bergamo, 01 jan. 2015. Disponível em <http://www1.folha.uol.com.br/poder/2015/01/1570557-nao-existe-mais-latifundio-no-brasil-diz-nova-ministra-da-agricultura.shtml>. Acesso em 10 jan. 2015.

SARLET, Ingo Wolfgang. **A eficácia dos direitos fundamentais**: uma teoria geral dos direitos fundamentais na perspectiva constitucional. 12. ed. rev. atual. e ampl. Porto Alegre: Livraria do Advogado Editora, 2015.

______. Proibição de retrocesso, dignidade da pessoa humana e direitos sociais: manifestação de um constitucionalismo dirigente possível. **Revista Ele-**

trônica sobre a Reforma do Estado (RERE), Salvador, Instituto Brasileiro de Direito Público, nº. 15, setembro/outubro/novembro, 2008. Disponível em: <http://www.direitodoestado.com/revista/RERE-15-SETEMBRO-2008-INGO%20SARLET.pdf>.Acesso em 10 jan. 2015.

SAYEG, Ricardo; BALERA, Wagner. **O Capitalismo Humanista.** Petrópolis, KBR: 2011.

SBICCA, Adriana; FLORIANI, Vinícius; JUK, Yohanna. Expansão do crédito no Brasil e a vulnerabilidade do consumidor. **Revista Economia & Tecnologia (RET)**.v. 8, n. 4, p. 05-16, Out/Dez 2012.

SILVA, Clóvis do Couto e. **A obrigação como processo**. Rio de Janeiro: FGV, 2007.

SILVA, José Afonso da. **Comentário contextual à Constituição**. 5. ed. São Paulo: Malheiros, 2008.

SMITH, Adam. **A riqueza das nações:** investigação sobre sua natureza e suas causas. Vol. I e II. Tradução de Luiz João Baraúna. São Paulo: Nova Cultural, 1996.

SOARES, Fábio Costa. **Acesso do consumidor à justiça**: fundamentos constitucionais do direito à inversão do ônus da prova. Rio de Janeiro: Lumen Juris, 2006

STEWART JR., Donald. **O que é o liberalismo**. 5.ed. Rio de Janeiro: Instituto Liberal, 1995.

STRECK, Lenio Luiz. **Hermenêutica jurídica e(m) crise**: uma exploração hermenêutica da construção do Direito. 10. ed. rev., atual. e ampl. Porto Alegre: Livraria do Advogado, 2011.

TASSINARI, Clarissa. **Jurisdição e ativismo judicial**: limites da atuação do judiciário. Porto Alegre: Livraria do Advogado, 2013.

TEODORO, Maria Cecília Máximo. **O juiz ativo e os direitos trabalhistas**. São Paulo: LTr, 2011.

TEPEDINO, Gustavo. Os 15 anos da Constituição e o direito civil. In: **Revista Trimestral de Direito Civil**. v. 14. 2003. Disponível em:<http://www.tepedino.

adv.br/wp/wp-content/uploads/2012/09/RTDC.Editorial.v.014.pdf>. Acesso em 10 jan. 2015.

THEODORO JÚNIOR, Humberto. **Curso de Direito Processual civil**: teoria geral do direito processual civil, processo de conhecimento e procedimento comum. v. I. 57. ed. rev., atual. e ampl. Rio de Janeiro: Forense, 2016.

______. **O Contrato e sua Função Social**: 3.ed.. Rio de Janeiro: Forense, 2008.

TOURAINE, Alain. **Como sair do liberalismo?** Tradução de Maria Leonor Loureiro. Bauru, SP: EDUSC, 1999.

VIEHWEG, Theodor. **Tópica e Jurisprudência**. Tradução de Tércio Sampaio Ferraz Jr. Brasília: Ministério da Justiça, UnB, 1979.

WATANABE, Kazuo. **Cognição no processo civil**. 4. ed. rev. e atual. São Paulo: Saraiva, 2012.

WILDE, Oscar. **A Alma do Homem sob o Socialismo**. Tradução de Heitor Ferreira da Costa. Porto Alegre: LP&M, 2003.

WOLKMER, Antonio Carlos. **Pluralismo jurídico:** fundamentos de uma nova cultura no direito.3. ed. rev. e atual. São Paulo: Alfa Ômega, 2001.